JN194525

2018年版

ベトナム成長企業60社

ブレインワークス編著

カナリアコミュニケーションズ

はじめに

　日本におけるベトナムの印象はこの 10 間で大きく変化した。この 10 年で欧米中心の世界経済の趨勢が中国や ASEAN へ移行したことが大きい。中でも中国の台頭は誰もが頷くだろう。世界第 2 位の GDP を誇る大国は、『世界の工場』から『世界の胃袋』へと変化を遂げ、世界中からさまざまな商品が集まるようになった。一方、ASEAN 諸国の台頭も目覚しい。経済発展を牽引するシンガポール、タイはもとより、インドネシア、フィリピン、そしてミャンマーなど、これからの 10 年を見据えると、日本にとって魅力溢れる国ばかりである。ベトナムもこの、将来性の有望な国のひとつとして世界から注目を集めてきた。特に日本とベトナムの関係は他国と比較しても特別なものがある。政府間における高いレベルの親密な関係を長期間に渡り構築してきた。

　この 10 年でベトナムに進出した日本企業の数は 2 倍となった。2007 年には 800 拠点強ほどだったベトナム国内の日系企業の拠点数は 2016 年の時点で約 1,700 拠点まで増加した。この間に、両国の間で何が起こったのか？　それはベトナムだけでなく、日本国内の変化によるところが大きい。生産国として ASEAN 各国に進出を拡大してきた日本企業にとって、ASEAN 自体が大きな市場として成長してきた。中でもベトナムは 9,000 万超の人口を誇る。ASEAN の中でもインドネシア、フィリピンに次ぐ。面積も日本と近く、南北に伸びた縦長の国土は日本列島を想起させる。国内景気も上向き、一気に日本企業が押し寄せた。

　前途洋々たるベトナム市場で日本企業が勝ち抜くためには何が必要なのか？　資本力か？　技術力か？　たぐいまれなるマーケティング力なの

か？　それらも必要だろう。しかし、最も必要になるのは、ベトナム企業と信頼をもとにした、強固なパートナーシップを築くことにあるはずだ。はからずともベトナム市場で成功するいくつかの日本企業もこの重要かつ不可欠な要素を築き上げながら事業を推進している。

　一方でベトナム市場のグローバル化も忘れてはならない。韓国、台湾、シンガポール、欧州各国の企業が市場でしのぎを削っている。日本企業がベトナムに注目し始める以前から、これら各国の企業は市場のイニシアチブを握るべく幅広い活動を続けている。そのような状況下にあるベトナムで日本企業が存在感を示すためには、信頼できるパートナー企業を発掘することが肝要である。

　本書はベトナムでの事業展開を検討する日本企業にぜひ手に取っていただきたい。そして、本書で掲載するベトナム企業と強固なパートナーシップを築いていただくことができれば望外の喜びである。

2018 年 1 月　株式会社ブレインワークス

ベトナム成長企業60社 2018年版　目次

IV. サービス関連企業

V. 販売・金融・輸送関連企業

出典：ウィキペディア「ベトナム」
https://ja.wikipedia.org/wiki/%E3%83%99%E3%83%88%E3%83%8A%E3%83%A0
（2017 年 12 月 18 日にアクセス）

出典：ウィキペディア「日本」
https://ja.wikipedia.org/wiki/%E6%97%A5%E6%9C%AC
（2017 年 12 月 18 日にアクセス）

I. 加工・工事関連企業

社名：Seatech Equipment Company

「顧客の要望を満たし顧客の満足を得る」ことで急成長したゼネコン

Seatech Equipment Company は 2002 年に設立された、冷凍電気システムを提供し、架設するゼネコンである。品質と顧客サービスを重視し、急成長している。「顧客の要望を満たし顧客の満足を得る」という経営理念を掲げ、顧客とウィン - ウィンの関係構築に努力しており、国内外から高い評価を得ている。さらに発展していくために、建設分野の原料や設備を取り扱う日系メーカとの協力を希望している。

品質と顧客サービスを重視し、急成長しているゼネコン

弊社は 2002 年に設立された、冷凍電気システムを提供し、架設するゼネコンです。弊社は投資を重視し、ISO9001：2000 から ISO9001：2008 までの管理システムを応用しています。その結果、弊社は大きな集団に成長し、資本金は 1 兆 VND 増え、収益も毎年平均 50% 伸びています。弊社の主要な営業種目は次の分野における機械や設備の経営、提供、架設、製造、修理です。電気や自動化システム、工業冷凍電気や熱を提供するシステム、空気調和や換気システム、カメラ・音声・ネット・電話等の安全超低

電圧システム、避雷システム、消火システム、下水処理システム、工業用設備・オフィス用施設等です。また、これらの分野における輸出入業務、賃貸オフィスサービス、不動産やデーパトや賃貸オフィスへの投資、経営の顧問サービス等も行っています。

　品質を重視するとともに、顧客サービスの改善を進めており、国内外の顧客から高い評価を得ています。また、設立当初から弊社は人材を重視し、熟練者とともに、若くて、明るい人も募集している。従業員が働きやすい勤務環境の整備にも努力しています。

　弊社はこれまでに多くの実績を残しています。たとえば、Danifood　農水産物加工会社（100％日本企業の出資）の全施設を提供し、架設しました。45日間で、空調設備輸入後、ダナンフラマ国家会議場の空調システムを設置しました。タイとベトナム政府の補助で、タイにおける Trane 空調メーカと協力することができました。8ヶ月間で、6,600トンの空調や換気システムの契約を締結しました。さらに、弊社は日本の Daikin のパートナーになりました。

「顧客の要望を満たし顧客の満足を得る」理念の下、世界に進出

　弊社の経営理念は「顧客の要望を満たし顧客の満足を得る」です。常にこの経営理念を振り返りながら努力することで、多くの顧客から高い評価を得ています。弊社は冷凍機分野で製品のデザインと機能を保障し、ベトナムのトップ企業となることが目標です。弊社は世界で最も信頼できるゼネコンとなり、冷凍機分野で有名ブランドになることを目標としています。

より具体的な目標としては、年間 3,500 億 VND 以上の収益をあげ、500人以上の従業員を雇用し、世界に支店網をはりめぐらすことです。

建設分野の原料や設備を取り扱う日系メーカとの協力希望

　日本人または日系企業にとって、「信頼」は極めて大切です。ベトナムでは、日本製製品に対する評価が高いので、建設分野の原料や設備を取り扱う日系メーカとの協力を希望しています。また、多くの日系企業がベトナムに投資しています。このような日系企業との協力を希望しています。

弊社は日系企業とベトナムに住んでいる日本人との結びつきを強くしたいと思います。弊社は日本のパートナーとタイアップしたいと思います。弊社は日本のパートナーのご要望を満たすことができます。

会社情報	
社名（英語）	: Seatech Equipment Company
代表者名（英語）	: Le Van Hieu
従業員数	: 550 人
授権資本金	: 30 ty VND
設立	: 2002 年
本社住所（英語）	: Lot 1271 – 1273 Xo Viet Nghe Tinh Road, South Hoa Cuong Ward, Hai Chau Dist – Da Nang City
電話番号	: 02363 551299
ファックス	: 02363 620199
URL	: http://www.seatech.com.vn/
E-Mail	: info@seatech.vn

社名：**DINCO CORPORATION**

**建物・ホテル・リゾート・工場の建設分野で
ベトナムNo.1企業のモットーは道徳性と正直なビジネス**

DINCO CORPORATION は 2004 年 3 月に設立された、工場の建設の総請負業者、建物・ホテル・リゾートの建設、交通工場やインフラの建設等にたずさわる会社である。建設業は多くの雇用を生み出し、弊社も現地雇用に貢献している。道徳性と正直なビジネスが弊社のベースで、顧客から高い評価を得ている。弊社は現状に満足せず、常に上を目指して努力している。そのためにも、工場建設分野で日系企業との協力を希望している。

建物・ホテル・リゾート・工場の建設分野でNo.1

　弊社は2004年3月に設立された、工場の建設の総請負業者、建物・ホテル・リゾートの建設、交通工場やインフラの建設等にたずさわる会社です。建物・ホテル・リゾート・工場の建設ではベトナム No.1 の会社だと自負しております。顧客の費用と時間を最小限にしながら、最高の建設を行います。

　建設業は多くの雇用を生み出します。弊社の本社はダナンにあり、支社はホーチミンにあります。現在、社員は 300 人、工員は 2000 人規模です。2006 年 2 月には ISO9001-2000 を、2011 年 1 月には ISO9001-2008 を取得致しました。2011 年と 2012 年、ベトナム大企業トップ 500 に選出されるとともに、2011 年にはダナン市総税局長およびダナン市自民委員会長から表彰を受けました。

　弊社は工場建設の総請負業者です。弊社の長所は、各プロジェクトの監督者、幹部、管理者等に多くの投資を行い、厳しい状況の中でも納期を確実に遵守致します。これまでに、日産自動車製造工場、縫製企業の工場、Radial トラックタイヤ製造の工場、Colgate Pamoline 歯ブラシ工場等にたずさわりました。

　工場建設以外に、建物やホテルや学校や病院などの建設の経験もあり

ます。これまでに、Ocean views マンション、Brilliant ホテル、Thuan Anh ホテル、ホアンミ合科病院、Quoc Tien ホンダショールーム、クレーンタワー等の建設にたずさわりました。

弊社は交通やインフラの建設サービスも提供致します。そのために、弊社はブルドーザー、ショベル、ダンプ車等を購入しました。これまでに、Daewon Cantavil Da Phuoc 都市圏、Hoa Xuan 排水処理所のインフラ等の建設にたずさわりました。

道徳性と正直をベースにし、常に上を目指す

弊社は建物・ホテル・リゾート・工場建設分野で No.1 です。顧客の要望をあらかじめ予想し、それに応えることができるように努力しています。また、建設分野は地元の雇用に有益で、現地の人の生活を高める効果があります。現地の人は弊社で働いて自信をつけることができます。

弊社のベースは道徳性と正直なビジネスです。道徳面では最も高い基準を設定し、従業員はその基準にしたがって規則を遵守しなければなりません。この点に関しては妥協しません。正直で道徳基準に見合ったビジネスを行います。

弊社は現状に満足せず、常に上を目指します。管理面やテクノロジー面では常に改善を心がけています。また、チームワークを重視し、顧客に最高のサービスを提供できるように努力致します。

どのような事故も予防は可能です。弊社では無事故を目指して努力しています。

工場建設分野で日系企業との協力希望

これまで弊社の顧客の70%はアメリカ・ドイツ・日本・韓国・シンガポールの企業です。今後は、工場建設分野で日系企業との協力を希望しています。道徳性と正直なビジネスを進める弊社は、顧客の要望を完全に満たすような建設を致します。特に顧客の費用と時間の浪費がないように致します。

会社情報

社名（英語）　：DINCO CORPORATION
代表者名（英語）：LE TRUONG KY
従業員数　　　：254 人
授権資本金　　：81.000.000.000VND
設立　　　　　：2004 年 3 月
本社住所（英語）：173A Nguyen Luong Bang Str, Lien Chieu Dist., Danang City
電話番号　　　：0236.3734 917
ファックス　　：0236.3734 923
URL　　　　　：http://www.dinco.com.vn/
E-Mail　　　　：info@dinco.com.vn

DINCO
ENGINEERING & CONSTRUCTION

社名：**SIGMA ENGINEERING JSC**

豊富な経験で高品質の電気工事サービスを提供

SIGMA ENGINEERING JSC は 2005 年に設立された電気工事請負会社である。設立から13年を経過した現在、SPLENDORA バーアンカン新都市、TH 酪農場（ゲアン）、ギソン火力発電所（タンホア）、DOLPHIN PLAZA（ハノイ）など多くの代表的なプロジェクトに参画する業界有数の企業へと成長した。同社は今後の発展に向けて、日本企業との取引を拡大していきたいと考えている。

最大の強みは経験豊富なエンジニアと熟練工の存在

当社は 2005 年に設立されました。ベトナムにおいて電気工事業界では開発経験を蓄積し、トップレベルの電気工事請負企業のひとつとして知られるようになりました。私たちは設計・装置・検査・運転及び保証・電気システム全体の保守・空調・水道・消防・ビル管理・雷保護システ構築・ネットワークと電話網の構築・監視カメラシステム構築・衛星システム導入などの電気に関するさまざまなマネジメントサービスを提供する専門会社です。

この 13 年間で当社は業界でトップクラスの地位を築くことができました。SPLENDORA バーアンカン新都市、TH 酪農場（ゲアン）、ギソン火力発電所（タンホア）、DOLPHIN PLAZA（ハノイ）、LANCASTER ビル（ハノイ）、INDOCHINA PLAZA ビル（ハノイ）、BIDV 支社（ハノイ）、ホアンタン塔（ハノイ）、ダーメン造船所ソングカム（ハイフォン）、ノイバイ国際空港ターミナル2、フコク工場（ハノイ）、ベトナムサムスン電子工場（タイグエン）、NGHI SON 精製・石油化学コンプレックス（タインホア）、グローバルデータセンター（ハノイ）、ベトナムブリヂストンタイヤ工場（ハイフォン）、マンションプロジェクト、オフィス、87 リンナム

商業センター（ハノイ）などの代表的なプロジェクトに参画しているためです。

当社の強みは豊富な経験を持つエンジニアと熟練工が所属しており、ベトナム国内の不動産投資家、遊園地、大使館、病院、アパート、オフィス、工場の建設の際に大きな信頼を寄せてもらっています。これらスタッフは常に最高レベルのサービスを提供できるよう日夜、努力を行っています。常に他社との差別化をはかるため、さまざまな取り組みを推進しています。そのひとつが品質管理です。電気業界における安全管理システム「OHSAS 18001:2007 産業保健」「ISO 9001:2008 品質マネジメントシステム」の認証を導入した先駆的な企業として知られています。これは他社に比べ大きな優位性を確保しているのではないでしょうか。

人材は最も重要な財産

同社の経営理念は、どのような業種業態であっても、あらゆる企業に電気工事技術のたのより良いサビースを提供していくことです。そのため一日一日常に改善を考え、同時に製品、サービス、プロセスの革新のために絶えず努力をします。プロフェッショナル、安全性そして創造という要素を遵守するためスタッフには高いレベルを要求します。それは成功を勝ち取るための必要要素です。そして人材は最も重要な財産です。常に最高レベルで労働者の個人利益と事業利益を維持していきます。私たちは労働者が自己のポジションと役割を良く理解できるよう事業活動のガイドラインを作成しています。企業や各個人の発展を目指すことを宣言しています。これまでの成功は会社の目標に向かって勤務しているエンジニア、工具などスタッフ全員の弛まぬ努力おかげです。

また、ベトナムだけでなく、グローバルな地域社会と環境の遵守責任、

安全性や人材供給などの高評価をいただく最高品質のサービスを提供することを目指します。私たちこそがベトナムにおける同業界の企業のモデルになることを目指したいと考えています。当社は顧客やプロジェクトだけでなく、すべてのスタッフの誇りとして努力を続けていきたいと考えています。

日本企業と長期間にわたる関係性を構築

　現在、日本企業は多くの分野でベトナム企業の戦略的パートナーであると考えられています。当社は日本企業との連携により、技術的なアドバイス、保守、電気機械設備の最適化運転など、日本企業と長期間にわたる関係性を構築したいと考えています。当社は常にオープンな姿勢で、各企業や国内外のパートナーと事業協力を進めていきます。特にベトナムにおいて高品質な電気工学のサービスを使用したいの投資家や日本のゼネコンとは連携をはかりたいと思っています。私たちは皆さんの頼もしいパートナーとなるはずです。

会社情報

社名（英語）	： SIGMA ENGINEERING JSC
代表者名（英語）	： NGUYEN QUANG NGOC
従業員数	： 950 人（内 350 人のエンジニア）
授権資本金	： 98.000.000.000VND
設立	： 2005 年 11 月 1 日
本社住所（英語）	： 27th Floor, Tower A, HUD Tower, No.37 Le Van Luong Street,Thanh Xuan District, Hanoi, S.R Vietnam
電話番号	：（84-24）3 9288683 |（84-24）3 9289235
ファックス	：（84-24）3 9288 667
URL	： www.sigma.net.vn
E-Mail	： sme@sigma.net.vn
ホーチミン支店	： Unit 1001, 10th Floor,Beautiful Saigon Office Building,No.2 Nguyen Khac Vien Street,District 7, Ho Chi Minh City, S.R Vietnam
電話番号	：（84-28）5 4178558
ファックス	：（84-24）5 4128 558

σ SiGMA
ENGINEERING

The Spirit Of Possibilities

社名：**VIETNAM INDUSTRIAL SYSTEMS CO., Ltd**

目指すは最良の配電盤生産会社、最大の機械加工会社

Vietnam Industrial Systems Co., Ltd は 2003 年に設立された、さまざまなパネル製造と板金加工をする会社である。5S 活動による品質保証で、国内外の信頼を獲得した。これまで築き上げてきた信頼を基にして、今後、日本での工事に配電盤を提供したり、コントロールシステムや工場のコンベヤーを自動化したり、板金加工を行ったりする日系企業との協力を希望している。

5S活動による品質保証で、国内外の信頼を獲得

　配電盤工業市場の発展により、弊社は 2003 年に設立されました。当初は従業員 10 人以下の小規模な会社で、機械加工商品の仕入れ、配電盤組立と営業を行いました。2006 年～ 2007 年にかけて、弊社は工場を建築し、最新の機械と静電塗装コンベヤーを輸入し、熟練技能者の育成を手がけました。

　工場の拡張とともに、弊社は 2006 年に「ISO 9001」認証を取得し、BVQi からも認証を取得しました。自動打ち抜き機、レーザー切断機、溶接機、曲げ機械（ドイツの Trumpf ブランド）、静電塗装コンベヤーシステム等最新施設を持ち、専門技術者が 5S 活動を実行することで、必要以上の商品コストの削減を行わず、各工程の生産管理と品質検討により、製品の品質を保証して

います。

　努力の積み重ねによって、弊社は国内外の企業から信頼を得ております。国際基準の建物・タワー・オフィスビル、高品質な配電盤が必要な工場・生産コンベヤー、水力発電所、ポンプ所・下水処理所、日本への輸入品(コンベヤー、船用カメラキャビネット、信号盤等）等に商品を提供しています。

目標はベトナムで最も信頼できる配電盤生産会社、最大の機械加工会社！

　ベトナムで最も信頼できる配電盤生産会社、最大の機械加工会社になることが弊社の目標です。弊社の4大開発戦略は①施設と生産技術への投資と開発、②リソース管理システムの不断の改良、③高度な技術を用いて品質の安定した商品の提供、④ブランドの開発と世界の主要団体との協力構築です。弊社の使命は、丈夫な商品、安定した品質、手頃な価格を提供することです。

　弊社の今後2年間の目標は、工場面積7000mSQ、工場空間12000mSQにすること、および輸出用機械加工の収入を弊社総収入の40％に高めることです。弊社の今後5年間の目標は、レーザー機械3台、曲げ加工機5台、溶接ロボット10台を揃え、電気技術者・機械技術者・エンジニア／事務員を各々75人配置し、輸出収入の80％を打ち出すようなベトナムでトップの生産工場を建設することです。

日系企業とのパートナーシップで、輸出率を80％へ

　弊社は日本での工事に配電盤を提供したり、コントロールシステム、工

場のコンベヤーを自動化したりする日系企業、板金（普通鉄板、ステンレス鋼、0.5mm から 25mm の厚さのアルミ）加工を行う日系企業と協力することを望んでいます。弊社は、日本の生産基準を理解しており、3年間の輸出経験もあります。

　弊社は、細部に至るまで安定した高品質の商品を提供しています。日本への輸出用商品製造に関しては、常に技術者を日本のパートナーに派遣し、日本の基準を身につけさせます。

　現在弊社は、パナソニック社に弊社の商品（工場のコントロールパネル）を提供しています。配電盤関係では、弊社は愛建電工のパートナーです。弊社は三松、コジマ、白山機工に板金商品を提供しています。現在、輸出収入は 14％ですが、今後5年間で、輸出率を 80％に引き上げることが弊社の目標です。

会社情報

社名（英語）	: VIETNAM INDUSTRIAL SYSTEMS CO., Ltd
代表者名（英語）	: TRAN TUAN NAM
従業員数	: 200 人
授権資本金	: 15.000.000.000VND
設立	: 2003 年
本社住所（英語）	: Lot D8-5, Ha Noi-Dai Tu Industrial Zone, NO. 386 Nguyen Van Linh Str, Long Bien Dist, Ha Noi City, Viet Nam
電話番号	: (84-024) 38759985
ファックス	: (84-024) 38759987
URL	: http://www.indeco.com.vn
E-Mail	: indeco@indeco.com.vn

インフラストラクチャー

Indeco 社 : Sale + Design + After sale service. Total 1500m2 workshop.
Saico 社 (66% share holder of Indeco) : Metal sheet fabrication + Electrical cubicle. Total 5200m2/13,000m (Workshop/ Land)
Indeco 社 HCM (100% capital of Indeco) : Electrical cubicle. Total 2000m2 workshop

今日より明日、日々前進する企業をめざす

Tuan Phuong Electric Engineering Join Stock Company は 2003年に設立された、錬鉄（室内・室外）、送電・配電の電力ネットワークへの設備や部品の給供、機械製品の溶融亜鉛メッキや電気亜鉛メッキにたずさわる会社である。弊社は強度に優れた製品を製造する。また、弊社は ISO9001：2008 を取得し、製品の安全規格が認証された。よりよきサービスを追求し、高品質の製品を製造できるように、日々技術力を高めている。海外市場、特にアジア市場への進出を目標としている。そのために、錬鉄（室内・室外）の正門、階段、欄干等で日系企業との協力を希望している。

強度に優れ、安全規格が認証された製品

　弊社は 2003 年に設立され、錬鉄（室内・室外）、送電・配電の電力ネットワークへの設備や部品の給供、機械製品の溶融亜鉛メッキや電気亜鉛メッキにたずさわる会社です。設立当初は人材も施設も不足していた上、新規参入企業なので市場での立ち位置に戸惑いました。しかし、全社員の努力と顧客のご支援により、現在に至っています。

　弊社は、経営陣と社員が一丸となって努力しています。また経験豊富な

熟練エンジニアがいます。弊社は溶融亜鉛メッキの技術を応用して強度に優れた製品を製造し、長期保証（10年）を付けています。ISO9001：2008 を取得し、製品の安全規格が認証されました。また、2001 年に土木工学の

金メダルを、2005 年にはベトナム商標の金メダルを獲得しました。

「明日は今日より進歩」

「明日は今日より進歩」をモットーに、よりよきサービスを追求し、高品質の製品を製造するために、技術力を高めます。弊社の製品によって顧客の生活が豊かになれば、製品の人気が高まり、海外市場、特にアジア市場への展開が期待できます。

　Tuan Phuong ブランドのさまざまなモデルを生産し、顧客サービスに力を入れ、国内市場シェアの拡大を目指します。次に、アジアと中東市場に進出する予定です。弊社は効率の良い企業になることを目指しています。

日系企業との協力希望

　弊社は全ての営業種目、特に、錬鉄（室内・室外）の正門、階段、欄干等で日系企業との協力を希望しています。これまでの経験により、信頼が協力の基礎だということは理解しています。

会社情報

社名（英語）	: Tuan Phuong Electric Engineering Join Stock Company
代表者名（英語）	: Vo Chi Hieu
従業員数	: 160 人
授権資本金	: 15.000.000 VND
設立	: 2003 年
本社住所（英語）	: Lot C7/II 2E Street, Vinh Loc Industrial Park, Binh Chanh District, HCMC, Vietnam
電話番号	: +84-028-3765 2511
ファックス	: +84-028- 3765 2519
URL	: http://tuanphuong.com/
E-Mail	: tuanphuongcpcd@gmail.com

先端技術ソリューションを重視する企業が、機械切削加工や
熱処理分野の工業用機械等で、日本企業との協力めざす

CTM Technology Application JSC. は 2005 年に設立された、機械部品の製造、熱処理、鋳造等の設備、技術、サービスと自動化ソリューションを結合させ、精密機械の加工製品に関する切削加工、CNC 加工、特殊処理、熱処理、メッキ、塗装、ホットスタンプ、冷間成形、鋳造などの設備、技術、原料を提供する会社である。国内外の企業に適正価格で高品質の機械自動加工設備を提供しているが、さらに技術革新を進めるために、日本企業との協力を希望している。

機械部品の製造、熱処理、鋳造等の設備、技術、サービスと
自動化ソリューションの結合

　ハノイ工科大学を卒業し、国内外で長年の経験を持っているエンジニアが 2005 年に弊社を設立しました。設立当初、世界経済の荒波にもまれましたが、弊社は機械部品の製造、熱処理、鋳造等の設備、技術、サービスと自動化ソリューションを結合する方向で活路を見出しました。その結果、

ホンダ、ヤマハのバイクに、安定した品質と適正な価格で、パートナーに補助部品を製造する設備と技術を提供するようになりました。

弊社は現在、アメリカ、ドイツ、日本、台湾などの先進国から設備、機械、技術を輸入しています。弊社は以下のような商品やサービスを提供しています。①金型加工センター（Pinnacle Machine Tool 有限責任会社のブランド）、② CNC 溶接加工センター（Goodway Machine 株式会社のブランド）、③ CNC パイプ曲げ加工の設備（ShuzTung Machinery Industrial のブランド）、④金属熱処理の設備（Hou Torng Engineering 有限責任会社のブランド）、⑤鋳造ための設備（Evergreat Yota Machinery のブランド）、⑥精密的なブレス設備（Long Jyi Machinery のブランド）、⑦ Accuvison メーカの製品検査や区別機、⑧ Kondo Machine Works メーカや Topking Technology メーカの NC-CNC 研磨機等です。

弊社の勤勉なエンジニアとパートナーの協力により、弊社は国内外の企業に適正価格で高品質の機械自動加工設備を提供しています。弊社の商品を導入した企業は経済効率が向上し、競争力が高まっています。

専門性を重視する優良企業

弊社は商品とサービスに関して TQCSI（オーストラリア）から国際規格認証を受けています。また、組織システムに関する ISO-9001 も取得しています。ハノイおよびホーチミンにおいて、弊社技術スタッフが 24 時間体制で顧客に技術サービスを提供しています。

弊社のモットーは「先端技術ソリューション、高品質、合理的投資費用、納期厳守、最高のアフターサービスの提供」です。弊社は機械製造、加工設備とソリューションの供給企業として高く評価されています。弊社は専門性を重視し、ベトナムに投資する先端科学技術をもっている国との協力拡大に努力しています。

機械切削加工や熱処理分野の工業用機械における日系企業の代理店をめざす

ベトナムに投資している日系企業から、機械加工分野での設備、技術の

供給を期待しています。ベトナム市場における日本の機械切削加工や熱処理分野の工業用機械代理店になることを希望しています。弊社はベトナムにおいて機械加工設備、精密な鋳造、プレス加工、技術サービスを提供し、日本のパートナーの高い要求を満たし、パートナーの投資費用効果を最適に致します。

会社情報

社名（英語）	：CTM Technology Application JSC.
代表者名（英語）	：Mr. Phan Anh Tuan
従業員数	：20 人
授権資本金	：5.000.000.000VND
設立	：2005 年
本社住所（英語）	：Hanoi office: Room 708, F4 Building, Block I, Yen Hoa New Urban, Cau Giay dist, Ha Noi
電話番号	：(84) 24-6285 5688
ファックス	：(84) 24-6285 5689
Hochiminh city office	：Room 904 C, Ruby Garden Building, No 2A, Nguyen Sy Sach street, 15 Quarter, Tan Binh Dist, HCM City
電話番号	：(84) 28-6281 5896
ファックス	：(84) 28-6281 5899
URL	：http://www.ctmjsc.com
E-Mail	：info@ctmjsc.com, infohcm@ctmjsc.com

工業用設備、移動サービス、機械組立、生産ラインのリーディングカンパニー

VIET NHAT INDUSTRIAL TRADING AND PRODUCTION COMPANY LIMITED は 2006 年に設立された、生産加工、工業生産用の原材料、設備、商業商品の提供、ザインコンサルタントおよび生産工場に機械移動や建設電気、水、圧縮空気システムの建設と装置などの工事建設等を扱う会社である。「高品質 - 納品迅速 - コスト減」をモットーにし、「顧客の満足は当社の成功だ」という方針の下、技術革新による顧客サービスに邁進している。さまざまな分野で日系企業との協力を希望している。

工業用設備、移動サービス、機械組立、生産ラインを提供する
リーディングカンパニー

　弊社は 2006 年にハノイに設立されました。また、弊社は BinhGiangHaiDuong（quoc lo 5）にも小さい機械加工工場を建てました。当初、弊社はハノイ、Hung Yen、Hai Duong 地域周辺の小規模な顧客を対象とした機械を加工生産、販売していました。2008 年、本社を移転し、弊社はキトー、宏斌気動工業股彬有限会社（台湾企業）、山本計器、エスエムシー等、多くの有名ブランド会社と取引し、代理店を致しました。2011 年には弊社は生産規模を拡大し、ハイテクで油圧リフト、コンベア、蓄圧器、電力キャビネット等、さまざまな機械設備を生産しました。同時に、移動サービス、機械の組み立て、工場建設、電力、水力、圧縮空気システム等のサービスに事業を拡大しました。現在では、弊社は、北部にある工業団地の顧客の信頼を獲得した工業用の設備や移動サービス、機械の組み立て、生産ラインを提供するリーディングカンパニーとなりました。

　デザインカウンセリングと建設を含めて、生産組み立てと装置が弊社の中心的な業務です。特に建設は弊社が最も得意とするところです。これまでに、バップ、永大産業、パナソニック、ブラザー、スミダコーポレーション、パイオニア等の大企業の工場建設、生産システム、冷却システム、各

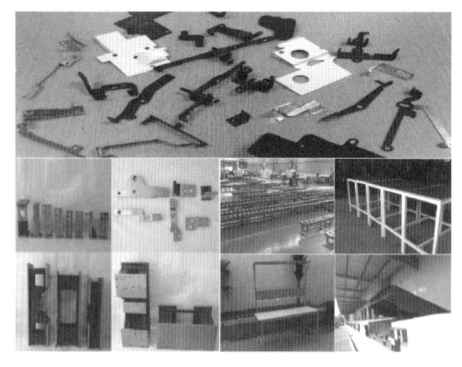

種のライン、コンベヤの設置等を行いました。弊社はデザインや建設に関して、最適な提案をいたします。高い技術に裏打ちされながら、美的感覚にも優れるとともに迅速に建設作業を進めます。

デザインカウンセリングも弊社の得意分野です。弊社は正式な研修を受け、外資の工事経験のある建築家やエンジニアを有しており、優れた建築デザインを提供できます。高い技術と美的感覚を合わせた建設カウンセリングも行います。

また弊社は、TOKYOKENKI の油圧機器（日本）、宏斌気動工業股彬有限会社の機械設備（台湾）、山本計器の時計と検定設備（日本）等、産業機械のスペアパーツの販売代理店をしております。

「高品質 - 納品迅速 - コスト減」というモットーを掲げ、顧客の満足度を高める

弊社はベトナム北部では、工場生産分野に商品とサービスを提供するリーディング供給業者になりました。今後は、外国企業からも信頼される請負業者になることを目標にしています。「高品質 - 納品迅速 - コスト減」という弊社のモットーに基づき、各方面の能力を高め、市場での信頼を高めます。

弊社の目標は建設用工業設備の組み立てと提供、工業と民用の工事建設分野で優良企業になることです。建設市場を広め、従業員の技術向上に努力しています。この目標を達成するために、高品質な商品を提供し、納期を遵守し、顧客の満足度を高めます。そのために、弊社は設備を改善し、従業員の技術を高めるように研修制度を設けています。現在、弊社には、電力、電気機械、建設等の分野で、レベル3からレベル7の専門的技術をもったエンジニアを有しています。弊社は積極的に国内外の会社と提携し、世界の先進的な科学技術の移転、応用をしております。

「顧客の満足は当社の成功だ」という方針の下、
日本企業との協力関係の構築を望む

　弊社は以下のようなさまざまな分野で、日本企業との協力を希望しています。①先進国で製造される工業用商品の独占代理契約、②生産と建設用の材料、原材料、完成品の流通、③機械の加工と生産、工業用の商品（コンベア、昇降装置、油圧トロリー、操作テーブル）の組み立て、④生産用デザインコンサルタント、工事建設や機械の設置、機械組み立て、工場建設、圧縮空気、電気、水などのシステム装置導入。

　弊社は、産業施設を加工・生産する長年の経験により、建設分野にも力

を注いでおり、ガレージのある家の建築、変電所の設置、全体空調システムの構築、移動機械、冷却システムの建築等、大規模プロジェクトを手がけています。「顧客の満足は当社の成功だ」という方針の下、技術革新による顧客サービスを徹底致します。顧客の発展に少しでも貢献したいと願っています。

会社情報

社名（英語）	: VIET NHAT INDUSTRIAL TRADING AND PRODUCTION COMPANY LIMITED
代表者名（英語）	: MR NGUYEN VAN NHUONG
従業員数	: 250 人
授権資本金	: 23.600.000.000.00 VND
設立	: 2006 年
本社住所（英語）	: No 741 Nguyen DucThuan street, Dang Xa commune, Gia Lam district, Ha Noi, Vietnam
電話番号	: +84-4-36763411
ファックス	: +84-4-36763455
URL	: http://www.vietnhatpro.vn
E-Mail	: kinhdoanh@vietnhatpro.vn

電気機械の５大分野のリーディングカンパニーを目指す

VNK CONSTRUCTION INSTALLATION AND MAINTERNANCE FOR M&E CORPORATION は 2008 年に設立された、発電所の建設システム、照光、換気、給水，工事廃水処理、発電機、中電圧電気パネル、低電圧電気パネル等のエネルギ設備、LED 電気や太陽電池等の省エネ設備、道路の信号、照明電気システム等の施工を提供する会社である。「工事において、よりクリーンな、より効率的な、より信頼性のあるソリューションを届ける」というモットーに基づき、アジアとベトナムにおける建設、設置、人材育成、保守、供給等、電気機械の５大分野のリーディングカンパニーになることを目標にしている。この目標成就のためにも、日系企業との協力を希望している。

日本文化と日本人をよく理解し、日本企業の高い品質要求にも応える

　弊社は主に日系建設企業の交通システムや工場に電気システム等を供給する会社として 2008 年 9 月に設立されましたが、さまざまな困難に直面しました。ベトナムにおける日系建設企業は大手企業なのでプロジェクト参加条件が厳しく、当初、弊社にとっては大きな障害となっていました。また、設立したばかりで、電気モーター分野で経験がなく、能力を証明することができませんでした。さらに、2009 〜 2010 年の世界経済危機が日本経済にも悪影響を与え、金融不安により、日本の投資家はベトナムでのプロジェクトを延期しました。

　しかし、弊社は企業努力を重ね、スタッフは若く、向学心があり、熱心に仕事に取り組みます。さらに、日本に本社があるきんでんとインフィルから、専門的知識や文化に関する指導をしていただきました。その結果、弊社は日本文化と日本人をよく理解できるようになり、共同プロジェクトでは日本企業が要求する高い品質に応えることができます。

　これまでに弊社は、日立プラントテクノロジーの下請けとして、ベトナム放送局センター（VTV）と SOC 工場に電気システム装置を設置しました。三井住友建設の下請けとして、CAU NHAT TAN GOI 1 に電気シス

テム装置を設置しました。JESCO ASIA の下請けとして、ブリジストン工場に電気システム装置を設置しました。

アジアとベトナムにおける建設、設置、人材育成、保守、供給等、電気機械の5大分野のリーディングカンパニーへ

「工事において、よりクリーンな、より効率的な、より信頼性のあるソリューションを届ける」が弊社のモットーです。弊社はベトナム人、財政、法律、政策に関する情報を迅速に顧客に届けます。ベトナムの業界標準を改善するために、日本からプロセス管理や専門知識を学びます。

弊社は、パートナーに寄り添い、約束を守り、創造的作業を行い、顧客のニーズを的確に把握し、一所懸命努力することに価値を見出します。弊社の将来の目標は、アジアとベトナムにおける建設、設置、人材育成、保守、供給等、電気機械の5大分野のリーディングカンパニーになることです。さらに、クリーン製品や省エネ製品を独占的に供給したいと考えています。

将来は、日系企業の信頼できるパートナーになることを目標にしています。また、エンジンと電気分野に興味がある若者に、実践的な訓練を施す専門学校を建設する計画をたてています。

生活をより快適にするという目標成就のために、日系企業との協力を希望

　弊社は以下の分野で日系会社との関係構築を希望しています。①工場・道路や橋梁などの土木工事、②輸出入、環境保護の消費財の提供、省エネ分野、③人材育成、④ハイテクを応用した農林、医薬品の供給。

　顧客に最高の製品を供給し、生活を快適にすることが弊社の願いです。そのために、弊社社員が一丸となって取り組みます。

会社情報

社名（英語）	: VNK CONSTRUCTION INSTALLATION AND MAINTERNANCE FOR M&E CORPORATION
代表者名（英語）	: Ninh Viet Tu
従業員数	: 38 人
授権資本金	: 5.000.000.000 VND
設立	: 2008 年 9 月
本社住所（英語）	: 5Q13 - 126 Lane Nguyen An Ninh, Tuong Mai Ward, Hoang Mai District, Ha Noi City, Vietnam
電話番号	: 04.3552.7727
ファックス	: 04.3772.7057
URL	: http://www.vnk.com.vn
E-Mail	: tunv@vnk.com.vn

V.N.K

社名：CRYSTAL WATER INTERNATIONAL LIMITED COMPANY

持続可能な水処理解法の提供

CRYSTAL WATER INTERNATIONAL LIMITED COMPANY は 2015 年に設立された、水や排水処理、環境技術を提供する会社である。環境に優しい、持続可能な水処理解法を提供している。弊社は環境技術分野でアジアにおけるトップカンパニーを目標にしている。日本企業と協力しながら、環境に優しいビジネスをめざす。

持続可能な水処理解法の提供

　弊社は 2015 年に設立された Crystal グループの最新メンバーです。Crystal グループは高い技術で水や排水の設定や処理システムを提供しています。弊社は Veolia という世界で長い歴史がある水や排水処理グループの特約代理店として、その技術を販売しています。当初、高品質の水を求めていた海産物関連の法人・個人がターゲットでした。弊社の提供システムは全国にあり、養殖業界の発展に力を注いでいます。

　弊社は持続可能な水処理解法を提供しています。Veolia 特約のパートナーの Veolia Water Technologies に、弊社は技術の解法と水・排水処理

装置の製造・設定・維持・アップグレード・サービスを提供しています。

現在、オンライン解法の揮発診断と結晶、汚泥処理エネルギー生産、脱塩、実験室の水やモバイル水道提供といったさまざまなサービスを提供しています。国内に132の支店があり、顧客毎のニーズに合う解法を考え、個別に提供致します。

最新技術を駆使して、①排水の処理・再利用、②エネルギーの生産・再生産、③原材料作成、④価値がある副産物の製造と行います。

世界中の生活改善のために、弊社が水の処理方法を提供致します。弊社の持続可能な手法は、二酸化炭素削減に貢献し、環境への悪影響を最小限に致します。

人間と環境に優しい安全な解法を提供

弊社は環境に優しい最新のサービスを提供しています。弊社は水・原料・エネルギーに関する解法を提供し、排水を再利用するような方法を促進しています。弊社は、アジアにおける環境技術分野でトップカンパニーになることを目標にしています。

規模と利益面でベトナムの大企業になり、他の会社の戦略的パートナーになることを目標にしています。弊社はこの分野の専門家を多く有しており、その知識を駆使して、顧客のあらゆるニーズに適応できます。弊社はプロジェクト毎に具体的解法を提供致します。顧客と弊社が「ウィン―ウィン」の関係になるように、相互利益を追求致します。弊社は人間と環境に

優しい安全な解法を提供致します。

環境に優しい水処理サービス提供

　農業分野では水処理のサービスを提供し、生産性向上につなげます。都市部では、給水・排水・排水再利用の解法を提供致します。具体的には、給水、排水、臭気処理、下水汚泥・処理、脱塩などの要請に応じることができます。エネルギー分野では、弊社は油濾過や熱電工場などに浄化の技術や水濾過システムを提供致します。

　弊社の強みは水・原料・エネルギーに関する解法を提供することです。日本企業と協力しながら、環境に優しいビジネスをめざします。

会社情報	
社名（英語）	：CRYSTAL WATER INTERNATIONAL LIMITED COMPANY
代表者名（英語）	：PHAM DUNG TIEN
従業員数	：10 人
授権資本金	：10.000.000.000VND
設立	：2015 年
本社住所（英語）	：8TH FLOOR, NO.18 LY THUONG KIET ST, HOAN KIEM DIST, HN, Vietnam
電話番号	：(+84) 4 3844 4444
ファックス	：——
URL	：http://crystalwater.vn
E-Mail	：info@crystalgroup.com

CRYSTAL WATER

高品質設備、迅速な対応、専門的サービス、優れたアフターサービスを提供

Trung Nguyen Industrial Equipments and Crane Company Limited は2009年に設立された、昇降機、起重機、昇降設備を生産工場、水力発電プロジェト、建設工事に提供する会社である。弊社は「高品質設備、迅速な対応、プロのサービス、親切なアフターサービス」を重視している。これまで築き上げてきた信頼を基にして、今後、建設用機械や昇降設備を手がける日系企業との協力を希望している。

高品質設備、迅速な対応、専門的サービス、優れたアフターサービス

　2008年度の経済・金融危機により、世界経済は後退し、ベトナム経済に大きな悪影響を与えました。不動産市場が冷え込み、多くの会社が倒産し、人員削減が断行され、生産は縮小しました。そのような状況の中で、弊社は昇降機、起重機、昇降設備を生産工場、水力発電プロジェト、建設工事に提供する会社として2009年4月に設立されました。当初は、さまざまな課題や困難に直面していましたが、取締役会は、将来を見据え、確

実に発展できるように、地歩を固めることに専念しました。信頼が信頼を生むという信念の下、個々の顧客の信頼を得ることに邁進しました。

　弊社では、設備や機械を組み立て、提供するサービスに力を入れ

ています。弊社は顧客のニーズに応じた品質とコストを提供し、迅速な対応とスキルの向上に努め、特にアフターサービスを重視しています。弊社の技術スタッフは、休日でも時間を問わず、顧客のニーズに応じて迅速に対応致します。弊社のモットーは「高品質設備、迅速な対応、プロのサービス、親切なアフターサービス」です。

来年の収入は今年の2倍！

弊社の経営理念は「商品は顧客のもの、責任は弊社が取る」です。顧客に「高品質設備、迅速な対応、プロのサービス、親切なアフターサービス」を提供し、信頼される起重機提供企業になることが目標です。

弊社は従業員に優しい労働環境を作ることに努力しています。プロの販売サービス、優れたアフターサービスを提供することで、「来年の収入は今年の2倍」を目指しています。

信頼度の高いTrung Nguyen社こそ貴社のパートナー

弊社は、建設用機械や昇降設備を手がける日系企業と協力することを望んでいます。日系企業が、高品質設備、専門的サービス、優れたアフターサービスをお求めなら、信頼度の高い Trung Nguyen 社こそ貴社のパートナーに相応しい企業です。

会社情報	
社名（英語）	: TRUNG NGUYEN INDUSTRIAL EQUIPMENTS AND CRANE COMPANY LIMITED
代表者名（英語）	: NGUYEN MANH HUNG
従業員数	: 20 人
授権資本金	: 4.000.000.000VND
設立	: 2009 年
本社住所（英語）	: No. 234, Co Bi Street, Co Bi Commune, Gia Lam district, Hanoi City, Vietnam
電話番号	: 043.6524366
ファックス	: 043.6526670
URL	: http://www.trungnguyenhoist.vn
E-Mail	: info@trungnguyenhoist.vn
ホーチミン市においてのオフィス E-Mail: Thiétbịnângha	

社名：**FELIX Vietnam company**

現代的な設備と熟練技術者を駆使して、高い品質の商品やサービスを提供

FELIX Vietnam company は 2013 年に設立された、精密機械加工、真空塗り、窒化処理、金属アニール処理等を扱う会社である。顧客に信頼をもたらすことに全力で取り組んでいる。熱処理分野、輸出用金型部品・機械部品・輸出用機械の製造分野で今後、日系企業との協力を希望している。

国内外の大学や企業と協力関係を構築し、現代的な設備や有能な人材を有し、国内外の企業から信頼獲得

弊社は FC Hòa lac 社と Kuokuto（New Zealand）社の合弁会社です。弊社は、工学分野でベトナム随一のハノイ工学大学、硬度計を生産する Future- Tech 社（日本）、塗膜計を生産する Kett 社（日本）、熱真空の社（ドイツ）等と協力関係を構築しています。現代的な設備と熟練技術者を数多く有しており、ベトナム国内だけではなく、Takara Tool & Die 社や Nissei 社等、外国企業の信頼も獲得しています。

弊社は、品質を担保するために、金属の硬度を高める窒化処理を致します。電気製品・電子製品の物理的な性質と機械の性質を担保するために、鋼、銅、アルミニウムをアニール処理するサービスを提供しています。機械部品、金型部品、工業用乳鉢乳棒、切れ刃等、精密機械の部品を製造致します。硬度計、塗膜計、温度計など精密計器を提供致します。また、金型の真空塗りや窒化処理を 3 USD／キログラムという適正価格で行います。

顧客に信頼をもたらす

「Felix」は「幸運」という意味です。信頼のおける Felix 社をパートナーにすれば、顧客に「幸運」がもたらされる、と言えます。本当に顧客に幸

福をもたらすことができるように、弊社は信頼の獲得に全力を注ぎます。特に熱処理サービスと精密機械部品製造分野では、弊社は顧客から揺るぎない信頼を得ております。弊社のブランド力も高まり、これらの分野の話になると、弊社のことがしばしば話題にのぼるようになりました。

熱処理分野、輸出用金型部品・機械部品・輸出用機械の製造分野で日系企業との協力を希望

　弊社は以下のようなさまざまな分野で、日本企業との協力を希望しています。①日系企業向け熱処理サービスの提供、②日本への輸出用金型部品と機械部品の製造、③輸出用機械の製造。これらの分野で、弊社の強みを活かしながら、いつでも日本企業と協力したいと願っております。

会社情報

社名（英語）	: FELIX Vietnam company
代表者名（英語）	: Mr. Le Gia Bao
従業員数	: 20 人
授権資本金	: 28.000.000.000 VND
設立	: 2013 年
本社住所（英語）	: Hoalac Hi-Tech part, Hanoi, Vietnam
電話番号	: 04-35577134 / 0983-055725
ファックス	: 04-62516476
URL	: http://www.fchoalac.com
E-Mail	: lgbao.fc@gmail.com

FELiX

社名：Blue Pacific Ocean Development Joint Stock Company

環境問題を考慮し、水・排水・排気・固形廃棄物の処理サービス提供

Blue Pacific Ocean Development Joint Stock Company は 2005 年に設立された、水・排水・排気・固形廃棄物の処理を扱う会社である。「プロ意識があり、効果的で信頼できる」と高く評価されている。2020 年までにベトナムトップの会社、2025 年までにアジアトップの会社になることを目標に掲げた環境問題専門家集団。「明日の生活のため、どこでもやろう」をスローガンの下、環境問題に関心がある日本企業との連携を希望している。

水・排水・排気・固形廃棄物の処理サービスをパッケージでもパーツでも提供

　弊社は 2005 年に設立され、水・排水・排気・固形廃棄物の処理を扱う会社です。弊社は環境処理分野で経験豊かな人材を多く有しています。管理職と従業員が一体となり、成長してきました。

　弊社はパッケージでもパーツでもサービスを提供致します。たとえば、実地調査、技術コンサルティング、デザイン、設備部品の提供等です。弊社はベトナムで大規模なものから小規模なものまで、さまざまな環境処理プロジェクトに参加しました。提携パートナーからは「プロ意識があり、効果的で信頼できる」と高く評価されています。

企業と一緒に環境問題を考え、
2025年までにアジアトップの企業に成長を目指す

　弊社はパートナーと共に発展することを目指しています。2020 年までにベトナムトップの会社になり、2025 年までにアジアトップの会社になることが目標です。

　弊社は環境の専門家集団です。さまざまな分野の企業と環境問題を一緒に解決していきます。

「明日の生活のため、どこでもやろう」をスローガンの下、環境問題に関心がある日本企業との連携希望

　環境問題に関心がある日本企業との連携を希望します。是非一緒に環境にやさしい技術を開発していきましょう。その他、水・排水・排気・固形廃棄物の処理に特化したものの製造・販売等で協力したいと思います。

　「明日の生活のため、どこでもやろう」をスローガンにしています。環境問題の解決は難しいことが多いものです。しかし、どれほど難しくても、必ず解決できるはずです。そう信じて、協力しましょう。現在の努力はすべて未来の発展のためです。

会社情報

社名（英語）	: Blue Pacific Ocean Development Joint Stock Company
代表者名（英語）	: ON NANG HIEU （Dr. ; Mr.）
従業員数	: 45 人
授権資本金	: 20.000.000.000 VND
設立	: 2005 年
本社住所（英語）	: No 3 29/70/2 Khuong Ha St, Khuong Dinh, Thanh Xuan Dist, Ha Noi, Viet Nam
電話番号	: +84.4.3564 1329 - 22151 614
ファックス	: +84.4.3564 1330
URL	: http://www.thaibinhduongxanh.com.vn
E-Mail	: bluepacificoceanjsc@vnn.vn　bpodjsc@fpt.vn

社名：METALLIC TOWER MECHANICAL-CONSTRUCTION JOINT STOCK COMPANY (MTJSC)

ベトナム鉄業界でトップカンパニーをめざす

METALLIC TOWER MECHANICAL-CONSTRUCTION JOINT STOCK COMPANY（MTJSC）は 2007 年 2 月に設立された、鉄骨構造の機械加工、工場等に構造・機械架設設備のサービスを提供する会社である。「従業員には尊敬と高い給料を」という方針に基づき、人材育成を重視している。ベトナムの鉄業界でトップカンパニーになることを目標としている。最新の生産システムを用い、見た目が美しいだけではなく、耐久性がある製品を魅力的な価格で提供している。

鉄骨構造の機械加工、工場等に構造・機械架設設備サービスを提供

　2007 年 1 月、ベトナムは WTO に正式加盟を果たし、中小企業に大きな機会を提供しました。翌 2 月に弊社は設立されました。鉄骨構造の機械加工、工場等に構造・機械架設設備サービスを提供しています。鉄筋、水圧管、燃料タンク、防水バルブ等、多様な商品デザインを手がけています。50MW 未満のタービン水力発電工場、鉄工場（製鋼、スリッター機、コンベヤー）、電力ケーブル工場（ラップ機、延伸機、加硫機）等への機械

架設、輸入機器（機・電・気保管）導入等のサービスを提供しています。

　設立時は、人材不足や粗雑な機械等の悪条件が重なり、買手もつきませんでした。しかし、あきらめずに地道に努力することによって困難を乗り越え、現在のような会社に成長しました。

人材育成の重視、国内外の信頼

　弊社が重視するのは人材育成です。「従業員には尊敬と高い給料を」という方針が弊社成功のキーです。また、「効率・品質・親善」を重視することで、国内外の顧客から信頼を得ています。

　2010年から17か国に機器を輸出し、国内外で機器の品質と安定感に信頼が寄せられています。弊社はベトナム商売工業協会（VCCI）とホーチミン市企業協会とビンタイン区企業協会の正規メンバーです。また、弊社はベトナム労働協会、ホーチミン市自民委員会、ベトナム企業協会等、財団や機関から高い評価をいただいております。

「効率・品質・親善」重視

「効率・品質・親善」という方針に基づき、人材力を活用して会社の発展につなげています。ベトナムの鉄業界でトップカンパニーになることが目標です。

会社情報	
社名（英語）	：METALLIC TOWER MECHANICAL-CONSTRUCTION JOINT STOCK COMPANY（MTJSC）
代表者名（英語）	：TIEN NGUYEN QUOC
従業員数	：115人
授権資本金	：600.000.USD（12.000.000.000 VND）
設立	：2007年2月
本社住所（英語）	：200/1/54 BINH LOI STR,13 WARD, BINH THANH DIST, HCMC
電話番号	：028 54451922
ファックス	：028 54452197
URL	：http://thapkim.com/
E-Mail	：info@thapkim.com

タントゥアン輸出加工区の開発用合弁会社

弊社はタントゥアン工業推進会社（ホーチミン市所属）と台湾に本拠を置く中央貿易開発会社との合弁会社であり、タントゥアン輸出加工区を開発するために1991年9月に設立された。外国企業が安心して工場を建設するための環境づくりを行い、実際に進出した企業からは高い評価を得ている。安定的案電力供給、道路や水道設備、排水設備から国際基準の高速インターネット環境の整備まで、総合的なインフラ整備を手がけている。

タントゥアン輸出加工区

　300ヘクタールのタントゥアン輸出加工区には、世界19か国から157社が進出しており、総投資額は15億ドルで、これにより、15万5000人の雇用が生み出されました。タントゥアン輸出加工区に進出した企業の81％（その内日系企業は94％）は他の工業団地で事業を拡大しました。タントゥアン輸出加工区は雑誌 Euro Money's Corporate Location でアジア太平洋地域のベスト工業団地に選ばれました。ベトナム政府からも賞を受け、ベトナムで最も成功した輸出加工区です。

理想的な環境を実現

　タントゥアン輸出加工区はホーチミン市中心地から4km、フーミーフンニューシウティセンターから1.5kmの場所にあり、ホーチミン市最大のコンテナ港のすぐ隣にあります。

　よく整備された道路により輸送はスムーズです。給水、排水システムも完備されています。タントゥアン発電会社により安定した電源供給を確保しています。高速インターネット、データセンターを提供する光ファイバーシステムは、FPTやVNPTといったベトナムの通信会社が担当しています。

タントゥアン輸出加工区輸送と倉庫センターは、倉庫でのハイレベル包装や商品の保管サービスを提供しています。保税倉庫、多機能クリニック、銀行、従業員研修・レクリエーションセンター等のアメニティも完備されています。

　タントゥアン輸出加工区を所管する政府機関はホーチミン市輸出加工地と工業団地庁だけで、外国からの進出企業は複雑な規制を免除されています。

エコオフィスパーク

　弊社はタントゥアン輸出加工区内に40ヘクタールのエコオフィスパークを開発しています。このパーク内にはソフトウェアやサービス関連会社が集積しています。光ファイバーケーブルと電線は地中に埋められています。世界最大の半導体設計会社のひとつである日本のルネサンスと、ベトナム最大のソフトウェアソリューション会社のひとつであるITDが同パークで事業を行っています。さらに、イタリアの著名なダニエーリが

2013 年に拠点を同パークに設置しました。

　タントゥアン輸出加工区のインキュベーションセンターも柔軟に対処ができ、すぐに入居できる土地とオーダーメードビルも提供しています。

　エコオフィスパークとインキュベーションセンターは、国際標準のインフラと生活環境が完備された企業にとって最高級の居住環境を維持し、どのような企業にとっても最適な場所といえます。国内外の企業にとって本社を設置するのに最高のエリアです。

会社情報

社名（英語）	: Tan Tuan Corporation
代表者名（英語）	: Young Yun Ti（President）
従業員数	: 489 人
授権資本金	: 89.000.000 USD
設立	: 1991 年 9 月 24 日
本社住所（英語）	: Tan Thuan Expert processing zone, Tan Thuan Dong ward, .. District 7, Ho Chi Minh City
電話番号	:（84）8 37701777
ファックス	:（84）8 37701999
URL	: http://ttc-vn.com/
E-Mail	: ttzmarketing@tan.thuan.com.vn

社名：Long Jiang Industrial Park Development Co., LTD

Long Giang 工業団地の順調な発展と明るい未来

Long Jiang Industrial Park Development Co., LTD は 2007 年 11 月に設立された、工業団地インフラ開発にたずさわる会社である。Long Giang 工業団地には 100 ～ 200 の企業が投資し、70 万～ 100 万の雇用が産み出されると予測されている。インフラを開発した上、将来的に Long Giang 工業団地はハイテクノロジーのプロジェクト・工業用多目的などを目指している。Long Giang 工業団地はメコンデルタあるいはティエンザン省の経済の主力になると期待されている。すでに日系企業も若干進出しているが、今後より多くの日系企業の進出に期待が寄せられている。

Long Giang 工業団地の発展

弊社は 2007 年 11 月に設立された、工業団地インフラ開発にたずさわる会社です。ティエンザン省にある Long Giang 工業団地は、総面積 540 ヘクタール、すべて外資で賄われました。Dong Thap Muoi での初めての大規模の工業団地です。現地の人に雇用を提供するために Long Giang 工業団地ができたのですが、ますます発展しています。

Long Giang 工業団地は酸性硫酸塩土壌で、工業化という経済構造改革が一番適切です。現在、Long Giang 工業団地は 200 ヘクタールの第一段階のインフラに投資しました。工業団地の主な職種は家用部品、軽工業、電子部品、木材製造、繊維製品等です。Long Giang 工業団地には 100 ～ 200 の企業が投資すると予想されており、70 万～ 100 万の雇用が産み出されると言われています。

交通は便利です。ホーチミン市から約 40km, My Tho 市から 15km、1A 国道から約 3 km です。13 の工場は稼働しており、稼働予定工場も多くあります。総投資額は約 7 億ドルです。

生産工場は環境保護にも注意を払う必要があります。Long Giang 排水処理工場も設立されました。排水工場の処理能力は一日 4 万立法メートル

ですが、初期段階では毎日 1 万立法メートルだけ処理することになっています。2009 年に、最新テクノロジーを駆使して作られ、2.3 ヘクタールの土地に設定されており、ベトナムの排水管理機関の基準に合致しています。これは Long Giang 工業団地の環境保護に重要な役割を果たします。

　現在、全工業団地の GDP は 1 億 2 千万 USD です。主な職種は機械、電気、農産等です。Long Giang 工業団地はティエンザン省で一番人気のある工業団地です。今後、日本・韓国・中国の企業も誘致したいと思います。

Long Giang 工業団地の明るい未来像

　インフラを開発した上、将来的に Long Giang 工業団地はハイテクノロジーのプロジェクト・工業用多目的などを目指しています。特に現在活躍している電子、電気（製造・組み立て）、機械・機器 (自動車、オートバイなど)、家用製品生産（プラスチック包、文法具)、薬品、コスメ、医用

製品等です。

　経験豊かな管理者と共に、適切なロケーション、インフラが完全に整備されれば大変よいものになると予測されています。運営チームは早期の完成を目指しています。そのため、工業団地の広告と PR が進められています。近い将来、Long Giang 工業団地はメコンデルタあるいはティエンザン省の経済の主力になるかもしれません。

日系企業もLong Giang工業団地に進出

　Long Giang 工業団地は企業の利益を考え、企業のために最も好い環境を提供しています。現在、2 つの日系企業が Long Giang 工業団地に進出しています。Nissei Electric Mytho 会社はすでに 1 年間を営業しています。Ebisuya Vietnam は間もなく運営する予定です。最近、たくさんの日本人が工業団地に来て、アンケートや調査をしました。Long Giang 工業団地

が歓迎する職種は電子、電気（製造・組み立て）、機械・機器（自動車、オートバイなど）、家用製品生産（プラスチック包、文法具）、薬品、コスメ、医用製品等です。Long Giang工業団地は企業の発展にはよいところです。

　現在、Long Giang工業団地は第2・3の段階を展開しています。間もなく、ここはとても賑やかになると予測されています。工業団地における企業が困難に直面すれば、ティエンザン省人民委員会がすぐに対処し、最もよい環境を提供するようにしています。弊社は、積極的にたくさんの投資者にアピールし、Long Giang工業団地への誘致活動を行っています。弊社の従業員はインフラについての知識が豊富で、いつでもアドバイスをすることができます。

　企業がLong Giang工業団地に投資すると、税優遇措置があります。また、ティエンザン省とホーチミン市の関係も良いので、ティエンザン省には多くの企業が集まります。また、現地の労働力は豊富で、若くて元気です。

　現地政権は常に工業団地への投資を応援しています。交通網の整備、工業団地までの電力供給の整備等でLong Giang工業団地の発展を促進しています。TrungLuong高速から工業団地までの道が開通していることは特筆に値します。より多くの投資者を誘致することができます。現地政権からの応援は弊社にとって最大な激励になります。今後、メコンデルタやティエンザン省の経済が発展できるよう、弊社は全力で努力致します。

会社情報

社名（英語）	：Long Jiang Industrial Park Development Co., LTD
代表者名（英語）	：Yu Suo
従業員数	：64人
授権資本金	：20.000.000USD
設立	：2007年11月
本社住所（英語）	：Tan Lap 1 Commune, Tan Phuoc District, Tien Giang Province, Viet Nam
電話番号	：+84-273.3642728,+84-73.3849777, +84-907 623868
ファックス	：+84-273.3642722
URL	：http://www.ljip.vn/
E-Mail	：yu.suo@ljip.com.vn

バリアブンタオ省初の日系向け工業団地：産業発展と環境保護の両立めざす

Thanh Binh Phu My Joint Stock Company は 2007 年に設立された、工業団地、都市住宅の開発建設・運営・管理等にたずさわる会社である。バリアブンタオ省では初めての日系向け工業団地で、優遇税制やよい地理的条件等、ビジネスには最適である。顧客第一をモットーに、産業発展と環境保護の両立を実現させる。そのためにも、重工業、石油化学工業、素材産業、環境関連先端産業分野で日本との協力を希望している。

バリアブンタオ省初の日系向け工業団地—さまざまな利点

　弊社は 2007 年に設立された、工業団地、都市住宅の開発建設・運営・管理等にたずさわる会社です。2015 年 6 月、PM3 工業団地（総開発面積 999 ヘクタール、うち約 200 ヘクタールは住宅・ゴルフ場等）の詳細設計、施工管理にベトナム日系工業団地向けで実績のある日本工営㈱、排水処理

施設に㈱神鋼環境ソリューション、ガスパイプラインに双日ベトナム、通信・IT インフラに KDDI ㈱をそれぞれ起用し、日系向け高規格工業団地建設に着手しました。

バリアブンタオ省では初めての日系向け工業団地となります。日本とベトナム両政府の支援により、特別工業団地として認可され、リース期間、優遇税制など他の工業団地には無い利点が多くあります。

また、カイメップ・チーバイ深海港から 2 ～ 4 km 以内と至近距離にあります。天然資源（天然ガス、コンデンセート、LPG）および豊富な山水がパイプラインを通して利用出来ます。さらに、天然ガスを燃料とするフーミー火力発電所群（総発電量 4,100MW）が近距離にあり、安定した電力供給が可能となります。ホーチミン市内から南北高速道路を利用して約 1 時間（59km）で通勤可能であり、2025 年に開港するロンタン新国際空港まで 28km、約 25 分で到着します。

「顧客第一」をモットーに、クリーン、グリーン、ビューティフルをめざす

日系向け工業団地の開発建設・運営・管理を目指している弊社のモットーは顧客第一です。顧客のニーズを満たすことができるように、きめ細かなサービスを提供致します。

工業団地は英語で Industrial Park と呼ばれるように、工業地帯でありながら公園に居るような緑に恵まれた環境を優先した工業団地にしたいと考えています。バリアブンタオは、年間 1,000 万人以上が訪れる国内でも有数のビーチリゾートがある観光都市です。PM3 工業団地は観光地にある工業団地として、産業発展と環境保護を両立させながら、クリーン、グリーン、ビューティフルが将来の夢です。

弊社はベトナム資本 100％の会社ですが、大半の顧客は日系企業です。この為、PM3 工業団地のインフラおよびサービスは日本の皆様にご満足いただける高い水準を目指しています。マーケティングチームはじめスタッフ一同、これまでの工業団地以上のレベルを目指しています。

重工業、石油化学工業、素材産業、環境関連先端産業分野で
日本との協力希望

　バリアブンタオ省の地の利を活かし、環境負荷の高い産業を積極的に誘致しながらも、同時に日本の環境技術をとり入れ、投資環境を適切にコントロールし、重工業、石油化学工業、素材産業の集積を目指します。

　その為、日本の重工業、石油化学工業、素材産業、環境関連先端産業との関係構築、誘致を図りたいと考えています。

会社情報	
社名（英語）	：Thanh Binh Phu My Joint Stock Company
代表者名（英語）	：Mr. Pham Quoc Dung
従業員数	：42 人
授権資本金	：1 兆 6,000 億ドン（USD 73.09 億）
設立	：2007 年
本社住所（英語）	：Phu My 3 Specialized Industrial Park, Phuoc Hoa Commune, Tan Thanh District, Ba Ria Vung Tau Province
電話番号	：(+84) 254 393 6838
ファックス	：(+84) 254 393 6839
URL	：http://www.phumy3.com/
E-Mail	：info@phumy3.com

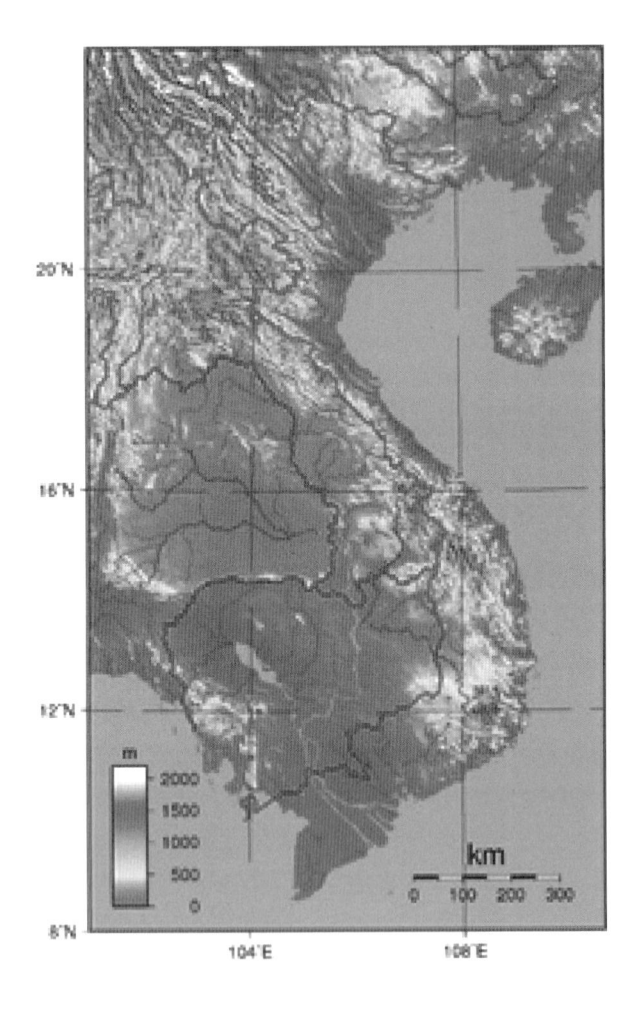

出典：ウィキペディア「ベトナム」
https://ja.wikipedia.org/wiki/%E3%83%99%E3%83%88%E3%83%8A%E3%83%A0
（2017 年 12 月 18 日にアクセス）

II. 製造関連企業

社名：TYG International Company Limited (TYGICO)

20年の経験に裏付けられた、「TYGINOX」ブランドステンレス鋼・非鉄金属の提供

> TYG International Company Limited（TYGICO イ）は 2004 年に設立された、高品質で安定した価格のステンレス鋼・非鉄金属を提供する会社である。人材、顧客、創造を重視し、「TYGINOX」ブランドをアジアのトップブランドに発展させることを目標にしている。そのために、機械、生産技術、機械加工関連の日本企業との協力を希望している。

高品質、安定価格の「TYGINOX」ブランドステンレス鋼・非鉄金属を提供

　ベトナムのステンレス鋼材業界の弱点は材料の低品質、価格の不安定さ、不正の横行でした。そのような弱点を克服しようと、弊社は 2004 年に設立されました。裾野産業、輸出品、食品工業、建築、インテリア・エクステリアデコレーション、電気・電子、鉱物発掘、廃棄物処理、漁業、化成工業、石油工業、造船工業等に、高品質のステンレス鋼材を安定した価格で提供する会社です。

　当初は資本金が少なく、会社の規模も小さいため、市場での競争でさまざまな困難に直面しました。しかし、高品質な材料、良いサービス、迅速

な出荷、安定した価格、多品種の仕入等、顧客本位の姿勢を貫き、2014 年 11 月に「ISO 9001 – 2008」認証を、2017 年 12 月 6 日に「ISO 9001: 2015」の UKAS 認定を取得しました。弊社はさまざまなステンレス鋼および非鉄金属ブランドを、TANCH, WALSIN

LIHWA（台湾）、HYUNDAI, KOSWIRE, POSCO（韓国）、SANYO（日本）、SANYO（イタリア）WALSIN BHD（マレーシア）、VIRAJ, LAXCON, HINDUSTA, ANAND ARC, KHOSLA（インド）等に納品しています。

人材、顧客、創造を重視

　弊社の使命は、国内外のパートナーおよび顧客と協力し、高品質で安定した価格のステンレス鋼および非鉄金属を提供する「TYGINOX」ブランドをアジアのトップブランドに発展させることです。そのために、今後も品質管理システムやサービスを継続的に見直していきます。

　弊社は、従業員の生活基盤を安定させることを最優先に考え、企業価値を高めます。顧客の長期的利益を常に念頭に置き、安定した価格で高品質の材料とサービスを提供致します。弊社は継続的に工程管理とワークフローを見直し、品質とサービスの向上に努めます。

機械、生産技術、機械加工関連の日本企業との協力を希望

　弊社社長はステンレス鋼業界で 20 年の経験を積んでいます。この経験を活かし、アジア市場で活躍する日本企業に、高品質ステンレスを提供できます。ベトナムの鉄・ステンレス鋼業界の発展のために、日本人および日本企業と協力することを望んでいます。

会社情報

社名（英語）　：TYG International Company Limited（TYGICO）
代表者名（英語）：Mr. Nguyen Xuan Thang
従業員数　　　：35 人
授権資本金（米ドル（ＵＳＤ）かベトナムドン（ＶＮＤ））：10.000.000.000 VND
営業収益（米ドル（ＵＳＤ）かベトナムドン（ＶＮＤ））：120.000.000.000 VND（2017）
設立　　　　　：2004 年
本社住所（英語）：Unit 801-8thFL, 172 Tran Binh str., My Dinh 2 ward, South Tu Liem
　　　　　　　　dist., Hanoi, Vietnam
電話番号　　　：+84-43-7950818
ファックス　　：+84-43-7950819
URL　　　　　：http://www.tygico.com
E-Mail　　　　：info@tygico.com

TYGICO
Specialty Steels

社名：**Hayen Corporation**

ベトナムにおける工業用キッチンと工業用洗濯分野でのリーディングカンパニー

Hayen Corporation は 1993 年に設立された、工業用キッチン・イノックス生産にたずさわる会社である。工業用キッチンと工業用洗濯分野では現在の優位な地位維持をめざす。従業員の豊富な経験と深い専門知識、最新の加工機械の導入等により、業種の多様化もめざす。日本企業のパートナーと共に発展する「ウィン-ウィン」の関係構築を希望している。

工業用キッチン業界への参入から飛躍的発展

　弊社は 1993 年 12 月設立され、1994 年 2 月から運営し始められました。当初、営業とサービスを中心として運営しました。家族用加熱器の輸出、ベトナ・ムエアラインのチケット販売代理店、輸入食品の販売、ベトナム・ユニリーバの代理店、ベトナム・エレトロラックスのガスレンジ代理店等の業務をこなしていました。

　1995 年、工業用キッチン業界に参入し、多くの企業と契約を交わしました。それから弊社は飛躍的に発展し、2003 年には、Tu Liem 工業団地でで 5000 平方メートルの新しい工場を建設しました。2004 ～ 2008 年に

は５S管理方法の採用で発展し続けました。2008年には、管理システムと人事面を刷新し、Ha-Yen 会社から Ha-Yen 株式会社に変更しました。2009 ～ 2013 年は、金融危機で苦しい局面でした。

2010 年には、日本の M1 社のパートナーになり、ファストフード店のサイゼリヤにイノックスを提供するようになりました。2011 年には Intercon Danang, Novotel Song Han 等、大きなプロジェクトに参加することで５つ星ホテルのパートナーになりました。2012 年にはオーストラリアとシンガポールにイノックスの輸出を始めました。2013 年には、日本の株式会社コメットカトウの戦略的パートナーになり、日本の北沢産業に弊社商品を提供する話がまとまりました。

弊社の従業員は、豊富な経験と深い専門知識を持ち、日本語、中国語、英語でコミュニケーションが取れます。最新の加工機械を導入しています。原料調達から製品の完成まで、一貫して完璧なチェック体制を整えています。弊社は工業用キッチンと洗濯に関する豊富な知識を持っています。財政が安定しているので、大きなプロジェクトにも参加できます。アフターサービスも充実しています。５S生産管理方法を採用し、常に改善しています。弊社はこれまでに、JICA、OSAKA ビジネス、IBO 等の財団から支援をいただきました。

工業用キッチンと工業洗濯分野でのリーディングカンパニーの地位を維持しながら、多様化を進める

現在、弊社はベトナムで工業用キッチンの提供ではトップカンパニーです。今後はサービスの多様化を図りたいと考えています。

従業員に快適な労働環境を提供し、顧客の満足度を高めることにさらに努力します。「食品衛生」を重視し、ベトナムの発展に貢献できるように努力します。

プロ意識を持ち、顧客のニーズに最大限に応えます。パートナーと共に発展する「ウィン - ウィン」の関係を構築します。労使一丸となって努力します。

弊社は工業用キッチンと工業洗濯の分野では先駆者であり、リーディングカンパニーなので、今後もこのポジションを維持します。今後3〜5年は国内の中級レストランやホテルのパートナーになることをめざします。さらに、弊社の製品を日本に輸出し、アメリカ市場も視野に入れたいと思います。

工業用キッチンと工業用洗濯分野の日本企業、商工会、業界団体との協力を希望

　弊社の強みは、工業用キッチンと工業用洗濯分野なので、同業種の日本企業やレストラン・ホテルのキッチン請負業者との協力を希望しています。また、商工会や業界団体との協力も希望しています。

　弊社は新製品の開発、システム改善、従業員の労働環境に注意を払っています。顧客のニーズを満たす製品とサービスを提供致します。

会社情報

社名（英語）	: Hayen Corporation
代表者名（英語）	: Nguyen Thi Lan Anh
従業員数	: 136 人
授権資本金	: 37.400.000.000 VND
設立	: 1993 年
本社住所（英語）	: No3, CN6Block (CN7Road), Tu Liem Ind. Zone, Tu Liem North Dist, HN, Vietnam
電話番号	: +84-4 3765 6979
ファックス	: +84-4 3765 6981
URL	: http://hayen.com.vn/
E-Mail	: bd-maneger@hayencorp.vn

HAYEN
The leading flame

Khang Trang Company limited

梱包分野でベトナムトップの会社へ

Khang Trang Company limited は 2001 年に設立された、PE 発泡フィルム・気泡膜・ストレッチフィルムを製造する会社である。品質管理に細心の注意を払う。顧客と社会の利益を常に優先し、環境や人に悪影響を与える素材は絶対に使用しない。日本や韓国企業に梱包物を輸出するベトナムトップの会社に成長する目標をかかげ、日本企業との連携を希望している。

品質、迅速なサービスと配送、アフターサービス、多様な種類・形式が強み

　弊社は 2001 年にバイクの部品の生産と経営を主な分野として設立されました。しかし、生産中に梱包の大切さに気づきました。そのため、2005年に、弊社は PE 発泡フィルム・気泡膜の生産を始めました。当初は芳しくなかったのですが、ベトナム経済の発展と共に、ベトナムにも海外からの投資が入り、需要が増えました。弊社は、品質改善や管理業務の見直しを行い、生産規模を広げました。

　弊社の強みは、品質、迅速なサービスと配送、アフターサービス、多様な種類・形式といった点です。同じ PE 発泡フィルム・気泡膜でもさまざ

まな梱包を提供できます。この中でも品質には最も注意を払っており、原料提供会社やシステムを厳しく管理しています。弊社の製品は人にも環境にも優しいもので、安全です。

顧客の急ぎの注文にも応じます。配送時には常にアシスタントが付き添い、顧客の指示通りに製品を運びます。販売後の保険・クレーム対応というサービスもございます。顧客の問題が解決されるまであらゆる対応を致します。

目指せベトナムトップの梱包会社

　顧客と社会の利益を常に優先致します。環境や人に悪影響を与える素材は絶対に使用致しません。弊社は積極的に梱包やプラスチックの展示会に参加し、新製品開発のアイデアを探っています。弊社の製品を海外に提供することが大きな目標です。

　弊社は商品管理システムの改善を目指しています。また、梱包の種類を増やすために、多くの機器を購入したいと考えています。将来的には、日本や韓国企業に梱包物を輸出するベトナムトップの会社に成長することが目標です。

PE発泡フィルム・気泡膜・ストレッチフィルムの分野で日本企業と協力希望

　弊社はPE発泡フィルム・気泡膜・ストレッチフィルムの分野で日本企業との協力を希望しています。弊社は常に顧客に高品質な製品をお届けし、生産システム改善の努力をしています。

会社情報	
社名（英語）	: Khang Trang Company limited
代表者名（英語）	: Bui Minh Khai
従業員数	: 55 人
授権資本金	: 5.000.000.000 VND
設立	: 2001 年
本社住所（英語）	: Lot D3, Hapro industrial zone, Le Chi commune, Gia Lam Dist, HN, Viet Nam
電話番号	: +84 04 36227265　+84 04 38683742
ファックス	: +84 04 38683742
URL	: http://www.mangxop.com.vn
E-Mail	: info@mangxop.com.vn

社名：An Dinh Technology Development & Investment Company Limited

安全で美味な農産物生産で売り上げアップ

An Dinh Technology Development & Investment Company Limited は 2008 年 9 月に設立された、安全でおいしい農産物を生産する会社である。不断の努力で毎年売り上げをあげている。「和」を大切にし、顧客と「Win-Win」の関係を構築することで、顧客の信頼を得ている。今後、冷凍食品やドライ食品を扱う日本企業との協力を希望している。

農家の利益は弊社の利益で売り上げアップ

弊社は 2008 年 9 月に設立された、安全な農産物を生産する会社です。設立者の Nguyen Thanh Nhi 氏は Everton Vietnam 社に 10 年勤務した経験があります。Everton Vietnam 社は 100％日本出資の会社で、農産物を生産し日本に輸出します。2000 年〜 2003 年に中国が安全で安価な農産物の輸出を始めました。中国と価格競争で負け、2003 年に Everton Vietnam 社は倒産しました。

Everton Vietnam 社で長年勤務していたエンジニアたちは大変残念がりました。そこで 2005 年、An Dinh 会社を設立するために支援が必要となり、Nguyen Thanh Nhi 氏は Everton Japan 社の石田ひさし会長に手紙を書き、ベトナムにいる韓国人と日本人に日本のお米と安全な農産物を提供する会社を設立したいということを訴えました。

当時、機械の導入と工場建設の資金が不足していました。そこで、会社は簡単な機械を使って仕事をしていました。当初は効率が悪かったのですが、努力に努力を重ね、米作りの技術を改善しました。また徐々に新しい機械を導入しました。弊社が作ったお米はいつも安くておいしいと高い評価を受けるようになり、毎年、50％ずつ売り上げが伸びていきました。

　CEO は大学で学んだことと Everton Vietnam 社で蓄積した経験により、ベトナムでの農産物の生産に関して多くの知識を得ていました。その知識を活かし、ベトナムの天候や土地に合うように日本の高い技術を応用し、効率よく農産物を生産しました。弊社は農家を大切にし、農家の利益に気を配り、農家の利益は弊社の利益というスローガンの下、弊社を運営しました。

　弊社は生産量とともに品質を重視しました。弊社は機械の改良を頻繁に行い、ISO の基準に照らし合わせて生産し、国内外のニーズに対応しました。現在、イスラムの市場では、弊社のお米には HALAL 証明書が付与されています。また、ベトナムで産業貿易省から米輸出許可書をもらっているのは 100 社に過ぎないのですが、弊社はその 1 つです。

　弊社は、協同組合との契約では、種の質、生産速度、肥料等に関して、独自の検討を加えることができます。

「和」を大切にし、顧客と「Win-Win」の関係

　弊社は「和」を大切にした経営を行っています。ビジネスをする際、「Win-Win」の関係になるようにします。顧客の信頼は弊社の最大の力となります。顧客の信頼を得るために、技術を改善し、高品質の農産物を生産します。

100％ベトナム産で高品質の農産物を生産することが弊社の目標です。安全な農産物を海外にも輸出できる会社に成長したいと考えています。消費者に安価なベトナム産農産物を提供致します。弊社は、外資に依存しなくても優れた農産物を生産できる会社になろうとしています。

冷凍食品やドライ食品を扱う日本企業との協力希望

JFC, Toyota Tsusho, Itochu, Zensho, Delica, Everton Corporation といった安全な農産物を扱う会社や Kanto no ki, Kaneko といった農機製造会社と協力しています。今後、弊社は冷凍食品やドライ食品を扱う会社との協力を希望しています。

ベトナム人は日本と日本人を尊敬しています。弊社は日本のパートナーと協調関係を築きたいと思います。現在、ベトナム政府も日本からの投資を歓迎しています。弊社もさまざまな分野で、日本企業と協力し、「Win-Win」の関係で共に発展したいと思います。

会社情報

社名（英語）　：An Dinh Technology Development & Investment Company Limited
代表者名（英語）：Mr. Nguyen Thanh Nhi
従業員数　　　：25 人
授権資本金　　：15.000.000.000VND
設立　　　　　：2008 年 9 月
本社住所（英語）：Hoe Lam, Ngoc Lam, My Hao, Hung Yen, Vietnam
電話番号　　　：(+84) 3984 5160
ファックス　　：(+84) 3984 5161
URL　　　　　：——
E-Mail　　　　：ceo@andinh.com.vn

ANDINH Company Limited

ベトナムにおける有機栽培

> Gap Agricultural Joint Stock Company は 2011 年に設立された、有機肥料の販売、農産物輸出、木質ペレットの製造（木質ペレット）等にたずさわる会社である。持続可能な農業の発展、消費者に安全な農産物の提供、人類の健康維持のために、有機農産物を栽培している。効率性を重視し、強力なビジネス展開を目指し、ブランド力を高める。そのためにも、日系企業との協力を希望している。

消費者に安全な農産物を

　弊社は 2011 年に設立された、有機肥料の販売、農産物輸出、木質ペレットの製造（木質ペレット）等にたずさわる会社です。営業種目は Vermitechnology の有機肥料（フロリダ州、米国）、栽培、クリーン農産物の輸出と木質ペレットの生産（wood pellet）です。錠剤の木材製品（木質ペレット）は、2016 年から生産を開始しました。

　当初、ベトナムの農民は有機肥料の重要性を理解できませんでした。しかし、持続可能な農業の発展のために有機肥料の必要性を辛抱強く訴え、

セミナー、カウンセリング、研修を企画し、農民と知識の交換をしました。それによって、徐々に有機肥料等の有機製品を使用する農民が増えていきました。

弊社はバクリュウ、チャビン、ソックチャン、アンザン、ドンタップやラムなどの多くの州で約 2000 ヘクタールの面積で、農家と協力し、直接有機農産物を展開しています。弊社は収穫産物を包装し、国内市場で販売すると同時に輸出も致します。現在、弊社は、アメリカとロシアに米を輸出し、消費者から高い評価を得ています。

弊社はアメリカからの優れた有機肥料を提供致します。化学肥料を全く使わなくても、有機肥料を使うことで農産物の収穫量は増え、品質もよくなることが実際に証明されています。

弊社は、有機農業を開発するために、国内外の科学者のサポートを受けています。

約 2000 ヘクタールの農場で農家と協力し、直接有機農産物を栽培しています。米を 100％有機で育て、ドラゴンフルーツも有機 100％で育てる成功例もあります。米国市場へ高品質の米やドラゴンフルーツを輸出しています。

木質ペレット（wood pellet）の製造の分野では安定した高品質材料帯域があります。弊社には木質ペレット製造分野で一流の職人が揃っています。弊社はヨーロッパ規格に適合した製造方法を用いています。

持続可能な農業の発展のために有機栽培を

持続可能な農業を発展させるために、弊社は常にベトナムの農民と協力しています。さらに、消費者に安全な農産物を提供し、人類の健康を守るために有機農産物を育てています。

弊社は効率性を重視しています。強力なビジネス展開を目指し、ベトナムにおける有機農業の分野でトップ企業の一つになることが目標です。さらに、クリーン農産物を輸出し、グリーンエネルギーを使用する分野に積極的に参加し、弊社のブランドを高めようとしています。

有機栽培の重要性拡大のために、日系企業との協力を希望しています。

　弊社は以下の分野の日系会社との協力を希望しています。

（1）農業分野での協力：弊社はクリーン農産物、有機農産物の生産に伴う消費チェーンを構築するためのパートナーを探しています。特に、米、コーヒーとコショウの分野です。

（2）弊社は木質ペレットを購入してくれるパートナーを探しています。

　多くの農家が徐々に有機栽培の重要性を認識するようになってきました。2016 年から 2020 年までの 5 年間の計画の目標は、効果的、現代的、強力なビジネス展開を目指すことです。クリーン農産物の輸出、グリーンエネルギーの分野での積極的な参加して、ブランド力を高めたいと思います。

会社情報	
社名（英語）	：Gap Agricultural Joint Stock Company
代表者名（英語）	：Mrs. Le Thi Tu Anh
従業員数	：100 人
授権資本金	：40.000.000.000 VND
設立	：2011 年
本社住所（英語）	：50-52 Ho Van Hue St, Ward 9, Phu Nhuan Dist, Ho Chi Minh City, Vietnam
電話番号	：(84-028) 3845 8846
ファックス	：(84-028) 3845 2216
URL	：http://www.expertrans.com/
E-Mail	：sales@expertrans.com

NÔNG NGHIÊP GAP

安全なカシューナッツ等を提供

CAO PHAT COMPANY LIMITED は 2007 年 8 月に設立された、カシューナッツ生産、農産売買、農業機械の売買、家畜 と家禽、ファーム等にたずさわる会社である。当初、従業員 100 人程度の小規模なものだった。その後、FSSC 22000 認証と BRC issue 規格を持ち、安全な食品を提供できるようになり、現在は、従業員 1,000 人程の規模になった。今後益々競争力を高めるために、カシューナッツの販売、畜産協力、農業、農業機械の輸出等で日系企業との協力を希望している。

FSSC 22000認証とBRC issue規格を持ち、安全な食品を提供

弊社は 2007 年 8 月に設立された、カシューナッツ生産、農産売買、農業機械の売買、家畜 と家禽、ファーム等にたずさわる会社です。当初、従業員は 100 人程度で、生産性が低く、2008 年の総生産量はわずか 5,000 トンでした。

元気な若手従業員が想像力を駆使し、会社を盛り立てました。弊社は、食品安全システムの認証である FSSC 22000 および食品製造業者としての注意義務要求事項がバランスよく網羅されている BRC issue 規格を持っており、安心して弊社のカシューナッツをお楽しみいただけます。

弊社はベトナムカシューナッツ商会（VINACAS）およ

びバリア・ブンタウ企業商会のメンバーであり、最新の機械を使って生産するとともに、機械の製造もできます。

四大目標

　弊社の目標は、（1）消費者の要求に答えて、消費者に満足してもらうこと、（2）世界中に弊社の名前を周知すること、（3）優れたテクノロジーを駆使し、畜産園芸を促進すること、（4）生産を集中し、弊社の競争力を高めることです。

カシューナッツの販売、畜産協力、農業、農業機械の輸出等で日系企業との協力希望

　カシューナッツの販売、畜産協力、農業、農業機械の輸出等の分野で日系企業との協力を希望しています。弊社へのご連絡をお待ちしております。

会社情報

社名（英語）	：CAO PHAT COMPANY LIMITED
代表者名（英語）	：CAO THUC UY
従業員数	：1000 人
授権資本金	：159.500.000.000　VNĐ
設立	：2007 年 8 月
本社住所（英語）	：200-202 Binh Gia – Ngai Giao Sreet., Vinh Binh Village, Binh Gia Hamlet, Chau Duc District., Ba Ria Vung Tau
電話番号	：+ 84　254 3 982 280
ファックス	：+84　254 3 982 281
URL	：http://www.caophat.com.vn/
E-Mail	：info@caophat.com.vn; Director@caophat.com.vn

CAOPHAT
CASHEW - DELICIOUS TASTE CONNECTING PEOPLE

社名：VINH TIEN COMPANY LIMITED

ココナッツや熱帯果物から次々と菓子を創作

VINH TIEN COMPANY LIMITED は 2003 年に設立された、ココナッツや
熱帯果物から、お菓子を生産することにたずさわる会社である。最新の技術をと
りいれて新製品を作り、商品の 90％は輸出されている。また、弊社のトップは
女性で、従業員の 90％も女性である。歯にくっつかないココナッツ菓子やコブ
ラの原料を使った花形ココナッツクッキー等、新しい製品を次々と世に送り出し
ている。このようなベトナム特産菓子に関心を寄せる日系企業との協力を希望し
ている。

歯にくっつかないココナッツ菓子

　弊社は 2003 年に設立された、ココナッツや熱帯果物から、お菓子を生
産することにたずさわる会社です。弊社は最新の技術をとりいれて新製品
を創ります。弊社の商品の 90％は輸出されています。弊社は女性が運営
する私企業で、90％の従業員は女性で、年間 300 日以上稼働しています。

　ココナッツ菓子の欠点は歯にくっつく
ことです。そこで弊社は最新の技術と自
動化を応用し、柔らかく、歯にくっつか
ないココナッツ菓子を生産しています。
この技術をもっているのはベトナムで弊
社だけです。

　他に、コブラの原料を使って花の形を
したココナッツクッキーを作りました。
ダイエットにも適しており、日本を含め、
世界各国に輸出しています。

　弊社の目標は、ココナッツ菓子業界の
トップ企業になることです。弊社はお菓

子の品質を重視しています。顧客の要求を満たすために、常に改革を進めています。また、収益第一主義ではなく、社会的活動にも関心を寄せ、従業員の生活や男女平等待遇にも関心を寄せています。

　弊社はお菓子をより多くの国に輸出したいと思います。弊社ブランドのココナッツクッキーや柔らかいココナッツ菓子が日本でも簡単に入手できるようになることを希望しています。日本人の好みに合うような新しい商品を研究しています。

ベトナム特産菓子に関心を寄せる日系企業との協力希望

　弊社のココナッツ菓子やココナッツクッキーに関心を寄せている日系企業との協力を希望しています。将来的には、マンゴ、ドラゴンフルーツ、チョムチョム、マンゴスチン等、熱帯果物から新しいお菓子を作りたいと計画しています。

会社情報

社名（英語）　　：VINH TIEN COMPANY LIMITED
代表者名（英語）：DANG THI TRUC LAN CHI
従業員数　　　　：250 人
授権資本金　　　：10 BILLION VND
設立　　　　　　：2003 年
本社住所（英語）：60A4, PHU TAN WARD, BEN TRE CITY
電話番号　　　　：+84 2753 829 707
ファックス　　　：+84 2753 823 920
URL　　　　　　：http://bentrecandy.com/
E-Mail　　　　　：viticobt@gmail.com

社名：**Dong Phuong Company Limited**

多様な製品を、安定した品質と競争力のある価格で提供

> Dong phuong Company Limited は 2000 年に設立された、冷凍食品と冷凍水産物の生産・輸出にたずさわる会社である。大部分の製品は日本へ輸出されているが、韓国やオーストラリアへも輸出されている。環境衛生の保護に関心を向け、イメージアップにつなげている。多様な製品を、安定した品質と競争力のある価格で提供し、顧客の信頼を得ている。

有利な地理的条件、豊富な人材、日々の改善で成長する企業

弊社は 2000 年に設立された、冷凍食品と冷凍水産物の生産・輸出にたずさわる会社です。17000 平方メートルの広大な工場があり、計 500 人の従業員がいます。

大部分の製品は日本へ輸出されていますが、韓国とオーストラリアへも輸出されています。インフラと技術の改善により、弊社は活動範囲を拡大しています。弊社製品に関しては、顧客から高く評価されています。

弊社は DaNang 空港から 15km、港から 20km のところにあります。Thuan Phuoc – Đà Nang; Hoi An – Quang Nam の港にも近いロケーションです。原料供給地に近く、高品質の原料を安価に購入できることは魅力的です。また、管理者は若くて活発で、従業員は高い能力と豊富な経験を持ち、訓練も行きわたっています。さらに、取締役会は「環境衛生の保護に関心を向けることが会社のイメージアップにつながる」ことをよく認識しており、毎日作業環境を整備する行動になりました。従業員の意識、労働効

率、品質が常に改善されています。

製品の質を担保し、多様化に取り組むことで顧客のニーズを満たす

顧客の要望に応えるため、弊社は以下の約束を致します。（1）人材育成に取り組む、（2）製品の品質を保証する、（3）顧客の満足を第一に考え得る、（4）製品の多様化と顧客の信頼獲得を基本方針としています。

将来、顧客の需要に対応できるように農産物生産の工場と農業面積を拡大し、製品の多様化に取り組みます。伝統的な顧客はもとより、農林水産分野で新しい顧客とも協力関係を結びたいと思います。また、日本から農林水産物を輸入し、国内消費市場を開発する予定です。多様な製品・安定した品質・競争力のある価格・顧客の信頼を重視しながら、前向きに努力致します。

多様で安全な製品を提供

具体的に弊社では以下の製品を扱っています。たこ製品全般、アナゴ製品全般、ハモ製品全般、冷凍食品全般、カボチャ、レモン、ピーマン、キャベツ、砂糖漬けサ揚げサツマイモ等です。

弊社は顧客に多様な製品だけでなく、約束した通りの製品、競争力があり、国際基準で管理されている安全な製品を供給致します。

会社情報	
社名（英語）	: Dong Phuong Company Limited
代表者名（英語）	: Pham Van Quang - Director
従業員数	: 500 人
授権資本金	: 1.065.000 USD
設立	: 2000 年
本社住所（英語）	: Lot 3, Diennam – Dienngoc – Industrial Zone, Quangnam Province, Vietnam
電話番号	: 84-235-3843722
ファックス	: 84-235-3944330
URL	: Dongphuongseafoods.com/
E-Mail	: dpseafoods@dng.vnn.vn

小さな機械工場から売上高8,000万ドルの企業に成長

DAI DUNG METALLIC MANUFACTURE CONSTRUCTION AND TRADE CORPORATION は 1995 年に設立された小さな機械工場だった。わずか 20 年間で、世界 33 か国に輸出し、8,000 万ドルの売上高を達成する企業に成長した。鋼構造の生産と鋼構造の経営分野でベトナムのトップグループ、アジアのトップ 5 を目標としている。そのためにも、さまざまな分野で日本企業との協力を希望している。

弊社の発展過程

　1995 年、ベトナムの経済は「門戸開放」後に繁栄し始め、多くの工業団地が建てられ、外国からの投資がありました。このような環境の下、チン・ティエン・ズン－氏は 3 億 VND の資本金で、ビン・チャン区（ホーチミン市）で小さな機械工場を始めました。従業員は 30 名でした。

　設立の初期段階では、資金調達、人材、管理などで困難に直面しましたが、地道に努力した結果、現在、58 の系列会社を持ち、400,000 平方メートルの場所に鋼構造の生産に特化した 8 つの工場がある企業に成長しました。2015 年には世界 33 か

国に輸出し、8,000万ドルの売上高を達成しました。

弊社の強みとしては、（1）豊富な経験と深い専門知識をもった人材に恵まれ、（2）高容量と自動化した近代的機械を輸入し、（3）事務管理、設計、製造、建設、プロジェクト管理では世界の多くの先進的な科学技術を応用し、（4）ISO3834; ISO9001：2008; ISO14000、OHSAS18001 の認証を取得し、（5）営業チームやプロジェクトマネージャは、英語、中国語、ロシア語、日本語で流暢にコミュニケーションを図る能力があります。

これまでの顕著な成果としては、① 2009 年から現在まで、ベトナムのトップ 500 最大の民間企業（VNR500）に選出され、② 2010 年から現在まで、ゴールドスター賞を受け、③ 2010 年から現在まで、ホーチミン市の代表的企業賞とホーチミン市の代表的起業家賞等多数の賞を受けています。

鋼構造の生産と鋼構造の経営分野でベトナムのトップグループ、アジアのトップ5が目標

弊社のビジョンは、鋼構造の生産と鋼構造の経営分野で持続的に発展し、ベトナムのトップグループになり、アジアのトップ 5 に入ることを目標としています。

弊社は顧客のニーズを満足させるために、鉄鋼構造の構築設計の分野で効率的で持続可能で革新的なソリューションを提供致します。また、従業員の能力を最大限発揮してもらうために、健全な企業風土の構築に力を注

ぎます。弊社は株主だけではなく、ビジネスパートナーとの信頼関係を重視し、ウィンーウィンの関係になることを重視しています。また、弊社はベトナムの発展と世界の発展に貢献します。環境に配慮しており、世界にクリーンエネルギーを増加させるために、一定の技術革新とパイオニアとしての研究開発を行います。

日本企業との協力を希望

「高品質、合理的料金」をモットーとし、世界で最高の品質を求める日本の顧客のご要望を満たします。常に、革新的なソリューションと効率的で持続可能な優れた価値を提供致します。機械構造用鋼業、鋼橋、発電所、鉄鋼、原子力発電の建設に製造および建物用鋼構造分野で日本企業との協力を希望しています。また、日本からの投資も歓迎しています。

会社情報	
社名（英語）	: DAI DUNG METALLIC MANUFACTURE CONSTRUCTION AND TRADE CORPORATION
代表者名（英語）	: Mr. TRINH TIEN DŨNG – CEO
従業員数	: 2,100 人
授権資本金	: 25.000.000 USD
設立	: 1995 年
本社住所（英語）	: B23/474C Tran Dai Nghia Str., Hamlet 2, Tan Nhut Village, Binh Chanh Dist., HCMC
電話番号	: (84-028) 3766.0241
ファックス	: (84-028) 3766.0950
URL	: http://www.daidung.com/, http://www.daidung.com.vn/, http://www.daidung.vn/
E-Mail	: info@daidung.com; info@daidung.vn

DAI DUNG

美しく、高品質で、耐久性のあるゴム木材製品を魅力的な価格で

KIM THANH A CO., LTD は 2001 年に設立された木工業者であり、高品質のゴム木材製品を生産、供給している。高品質のゴム乾燥製材、合板、ゴム床材を世界市場に供給する先駆者として弊社ブランドを確立することが目標である。弊社は森林の環境保全に配慮していることを認証する FSC（2012 年）と国際的な標準である国際規格を認証する ISO（2014 年）を取得している。弊社は最新の生産システムを用いて品質管理を行い、美しく、耐久性があるものを魅力的な価格で提供している。

世界市場で弊社ブランドを確立することが目標

　弊社は 2001 年に設立された木工業者であり、高品質のゴム木材製品を生産、供給しています。ベトナム国内ではゴム木材製品の分野で先駆者として知られている弊社は、長年の経験に裏打ちされた信頼があり、弊社製品の市場での占有率も高いものになっています。

　高品質のゴム乾燥製材、合板、ゴム床材を世界市場に供給する弊社ブランドを確立することが目標です。世界木材市場の厳しい要件を満たすために、製造機械を台湾から直輸入し、従業員

に技能改善訓練を受けさせ、生産プロセスを改良しています。弊社は顧客に、必要な時に、競争力のある価格で、高品質の製品を提供致します。現在、弊社の製品は日本、欧米、ベトナム、台湾、韓国、マレーシア、中国など多くの国で販売されています。また、弊社は森林の環境保全に配慮していることを認証するFSC（2012 年）と国際的な標準である国際規格を認証するISO（2014 年）を取得しました。

主な製品：合板

弊社はベトナムのビンズオン省で最大規模のゴム木材、特に A タイプの製品を生産する会社です。最大の合板は、幅 1250mm ×長さ 6200mm にもなります。基本的な技術で弊社は多様な製品を供給しています。正方形プロック、ブラフト、要件に応じた製品等、毎月 800 立方メートルの製品を供給しています。

主な製品：自然木材・ゴム木材床材

弊社の自然木材床材は顧客に豪華で家庭的な空間を提供致します。近代的な生産技術に投資し、SOLID, UNI, FJL-2P, 3P, 4P などさまざまな床材製品を生産致します。また、マレーシア、日本から直接輸入する紫外線 7 層 Treffert や KLUMP の塗料で、月に 200 立方メートルの木材表面を処理しています。

ゴム木材製造における17年の経験を活かし、弊社は「ゴム木材床材」を開発しています。自然木材色以外にも、さまざまな色を提供致します。顧客には競争力のある価格で提供致します。

弊社の製品を選ぶ理由

最新の生産システムを用い、原料処理から最終のステップまで品質を厳格に管理しています。また、弊社の製品は見た目が美しいだけではなく、耐久性があるものを競争力のある価格で提供いたします。詳細は弊社ウェブページ http://www.kimthanha.com をご覧ください。

会社情報

社名（英語）	：KIM THANH A CO., LTD
代表者名（英語）	：Mr. Luong Ngoc Kim
従業員数	：300 人
授権資本金	：2.2 mil USD
設立	：2001 年
本社住所（英語）	：107/20 Thu Khoa Huan Str., Binh Phuoc A Quarter, Binh Chuan Ward, Thuan An Town, Binh Duong province, Vietnam
電話番号	：+84-0271-3610 292 / +84-918 930 568
ファックス	：+84-0271-3610 433
URL	：http://www.kimthanha.com/
E-Mail	：contact@kimthanha.com

多角的ビジネス：フラメンコ衣装生産から建設、環境エネルギーまで

NGUYEN CHI Co.,Ltd. は 2004 年に設立された、フラメンコ衣装の生産を手がける会社である。現在は、工業関係・建設関係等、多岐に渡りビジネスを展開している。ベトナム社会を豊かにするために、スペインと日本が融合した文化の浸透に貢献するとともに、風力発電・不動産・環境エネルギーのビジネスにも積極的に参入していく。アパレル、不動産、環境、建築、農業・食品関係で日本企業との協力を希望している。

伊藤忠商事機械プロジェクト部勤務からフラメンコ衣装生産へ

　弊社は 2004 年に設立された、フラメンコ衣装の生産を手がける会社です。東京のパートナーにフラメンコ衣装を輸出しています。代表のグェンは、1997 年から 2000 年まで伊藤忠商事のホーチミン市代表事務所の機械プロジェクト部で勤務しました。2000 年に独立。2000 年中旬に現在のビジネスパートナーと出会い、フラメンコ衣装の生産を開始しました。設立当時に困ったことは、安定的に製品を供給できない点でした。安定供給できる環境を作り、スタッフの生活を守ることに全力を尽くしました。会社の財産はスタッフだからです。現在は、フラメンコ衣装生産も軌道にの

り、顧客の希望に応じて、複雑なデザインでも一枚から短期間で受注生産致します。

フラメンコのビジネスが安定すると、工業関係・建設関係等、多岐に渡りビジネスを展開しています。2005 年アマタ工業団地内の日系企業工場設立の支援に携わり、ベトナム特有のプロジェクト管理が難しい部分において実力を発揮しました。代表のグェン社長自身が建設を学び、現地のパートナーとの信頼関係を築きながら進行しました。グェン社長は、ハノイ外国語大学英語学科卒。ホーチミンのドンズー日本語学校で日本語クラスを卒業し、日本語講師としても活躍しています。

スペインと日本の融合文化の浸透に貢献し、ベトナム社会を豊かにする

フラメンコは本場のスペインよりも日本で人気があります。ベトナムにおけるフラメンコ教室の運営だけではなく、スペインと日本が融合した文化の浸透に貢献したいと思います。また、建築関係では、ホーチミン市内のサイゴン川沿いでマンションのプロジェクトを計画中です。風力発電・不動産・環境エネルギーのビジネスにも積極的に参入していく予定です。

ベトナム社会を豊かにするため貢献することが目標です。環境汚染の対策も必要です。そのため、日本企業からノウハウを学び、日本に出張をして情報交換を行い、自社で実践します。

アパレル、不動産、環境、建築、農業・食品関係で日本企業との協力希望

アパレル、不動産、環境、建築、農業・食品関係で日本企業との協力を希望しています。ハイテクパークを立ち上げ、環境に優しい農場で農産物を生産し、ベトナム国内や世界に発信していく計画をたてています。代表のグェンはベトナム国内で各業界にパートナーがいます。各種ライセンス関係の手続きを得意にしているため、連携する日系企業を支援できます。日本企業からはノウハウ・経験・技術力の伝承を期待しています。

ベトナムにはビジネスチャンスがたくさんあります。弊社はアパレルや木造製品などの輸入・輸出ライセンスを所有しているため、日本企業が直

面する課題を解決できる可能性があります。日本のおもちゃ・ロボットをベトナムで広げていきたい、という目標もあります。さまざまなビジネスチャンスを協力して広げていきましょう。

会社情報

社名（英語）	：NGUYEN CHI Co.,Ltd.
代表者名（英語）	：LE THANH NGUYEN
従業員数	：40 人
授権資本金	：US$1.000.000
設立	：2004 年
本社住所（英語）	：49/21 TL41, 1st Quarter, Thanh Loc Ward, 12th District, Ho Chi Minh City
電話番号	：84-28-22442231
ファックス	：84-28-54476581
URL	：http://www.nguyenchigroup.com/
E-Mail	：nguyenchicompany@yahoo.com.vn

電子回路と溶接機を生産できるベトナム唯一の会社

HONG KY CO.,LTD は 1986 年に設立された、機械製造を手がける会社である。弊社は電子回路と溶接機を生産できるベトナム唯一の会社である。ドリル、溶接機、木工機械の規模の面ではベトナムトップ。全国 63 省に代理店があり、商品は国内外で利用されている。弊社は品質管理を最も重視している。顧客の満足を最優先に考え、独自商品の開発に努力している。機械業界のドリル、溶接機、木工機械の製造に関して日系企業との協力を希望している。

弊社の発展過程

　弊社は 1986 年に家庭経済のモデルとして設立された、機械製造を手がける会社です。当時、機械の数は少なくて、生産量が少なく、ホーチミン市で販売していました。1995 年に生産の規模を少し大きくし、機械の種類も増えました。2001 年に業界内でも確固たる立場を得るようになり

ました。2007 年にコンピュータ数値制御（CNC）を流れ作業に応用し、2015 年にはオートマチックロボットを流れ作業に組み入れました。オートメーションの増加により、機器の品質と正確度を高めることができました。2008 年、弊社は溶接機生産業界に参入しました。2009 年、初めて「ベトナム製」溶接機を製造しました。2012 年から弊社は 10 種類ほどの溶接機を市場に出し、製造・建設の業界に貢献しました。

2013 年、弊社はベトナム高品質商品賞をいただきました。2012 年、弊社は新たなビジネスチャンスとしてミャンマーに電子溶接機、ベンチドリル、鉄カッターを輸出しました。ミャンマーで弊社製品は好評で、日本やヨーロッパにも輸出しました。弊社は電子回路と溶接機を生産できるベトナム唯一の会社です。また、弊社は現在、材木置き場 1,000 か所に機械を提供しています。特に、各材木置き場のリクエストに応じてオーダーメイド機械も製造できます。ドリル、溶接機、木工機械の規模の面ではベトナムトップです。全国 63 省に代理店があり、商品は国内外で利用されています。

品質管理を最重視しながら、オートメーションの種類を多様化

弊社は品質管理を最も重視しています。顧客の満足を最優先に考え、弊社独特の商品開発に努力しています。オートメーションの種類を多様化することで機械業界の発展にも貢献致します。また、弊社独自の商品を作り、機械の種類の研究や製造面で国内外の市場をリードするという目標をたてています。

独自ブランドの確立めざし、日系企業との協力希望

弊社は機械業界のドリル、溶接機、木工機械の製造に関して日系企業との協力を希望しています。「品質でお客さんを誘惑・変化で進歩」というスローガンの下、弊社はより高品質の製品を生産できるように毎日新しい技術を研究しています。個々の従業員が自分の専門や責任を持ち、最も小さい部品でも真剣に取り組むことで弊社独自のブランドが確立されます。

CNC 機の導入により、ロボットと一緒に製造して、顧客のリクエストに応えることができます。大企業からの大口注文でも弊社は対応可能です。

　弊社には専門知識を持つ工具が 600 人います。管理者は日本人、ミャンマー、インド人です。従業員は研修や専門的な訓練も積極的に受けています。特に、最近、海外の機関から注目され、日本の JICA、オランダの CBI・PUM からの専門家が弊社に来て、多くのアドバイスを頂きました。

　現在、ベトナムでは 3 つの大きな工場といくつの保証機関と支店があります。また、インドネシア、ミャンマー、カンボジア、日本、ドイツでも弊社商品が使われています。

会社情報

社名（英語）	：HONG KY CO.,LTD
代表者名（英語）	：NGUYEN DUY TOAN
従業員数	：600 人
授権資本金	：1.000.000 USD
設立	：1986 年
本社住所（英語）	：38 Tay Lan street, Binh Tri Dong A ward, Binh Tan district, HCM city
電話番号	：+84. 918. 00. 99. 33 - +84 939 458861
ファックス	：+84.028. 3754. 4034
URL	：——
E-Mail	：toan@hongky.com.vn

社名：CÔNG TY CO PHAN DUOC HAU GIANG

ベトナム薬剤業界のトップカンパニー

CÔNG TY CO PHAN DUOC HAU GIANG は 1974 年に設立された、薬・医薬品・薬剤・化粧品・栄養機能食品など生産・販売する会社である。当初公営企業で従業員 50 名程度だったが、現在は従業員 2,899 名へと大きく成長し、薬剤業界ではベトナムのトップ企業と評価されている。多数の子会社・支店を持ち、弊社の製品は国内で広く流通している。「健康で美しい生活へ」という理念を貫徹させ、顧客に常に最高の商品を届けている。さらなる発展を求め、薬剤開発面で日系企業との協力を希望している。

ベトナム製薬業界のトップ

弊社は 1974 年に設立された、薬・医薬品・薬剤・化粧品・栄養機能食品など生産・販売する会社です。当初はカマウ県に設立された公営企業でした。森林の中にあり、製造設備はほとんど手製で、材料もほとんど弊社が作ったものでした。当時従業員は 50 人程度でした。

弊社は錠剤製作、注射剤、水薬の 3 つのグループに分けました。40 年以上の歴史がある弊社は、ベトナム薬品市場でブランドを確立しており、この業界ではベトナムのトップ企業だと評価されています。

ベトナム製薬業界のトップ企業であり、消費者の間で確固たるブランドとして定着しています。臨床試験センターに認められた多くの商品があります。2004 年 2 月に新工場が設立され、年間 4 億個の商品を製造します。生産ラインは最新の無菌室となっています。12 個の子会社、24 個の支店を持ち、弊社の製品は

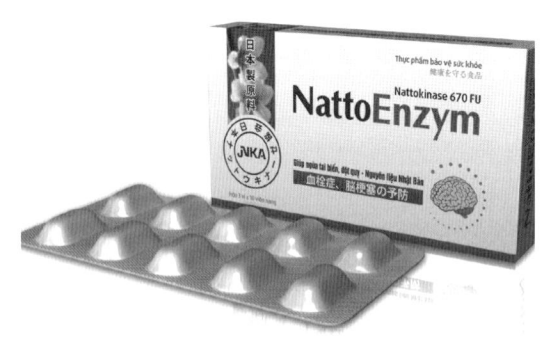

国内で広く流通しています。医局・病院・個人企業・医療センター等、多数の顧客と日々接しています。

「健康で美しい生活へ」

「健康で美しい生活へ」が弊社唯一の理念であり、従業員の働く動機づけにもなっています。弊社は定期的に設備の改良を行い、生産ラインも最新にし、新しい技術をアップデートして運用しています。また、無菌室を用意し、消費者に最も良い商品をお届けすることを目指しています。さらに、人材育成も重要です。将来の従業員を養成し、弊社の発展に寄与してくれることを期待しています。

薬剤開発面で日系企業との協力希望

日系企業と協力して、これまでに優れた薬剤を製造してきました。たとえば、Mitoyo や NattoEnzym といった商品です。消費者の要望に応えるために、商品製造・研究面で日系企業との協力を希望しています。

会社情報

社名（英語）	：CÔNG TY CO PHAN DUOC HAU GIANG
代表者名（英語）	：DHG PHARMA
従業員数	：2899 人
授権資本金	：871.643.300.000 VND
設立	：1974 年 9 月
本社住所（英語）	：288 Bis Nguyen Van Cu Street- Ninh Kieu District - Can Tho City
電話番号	：0292.3891.433
ファックス	：0292.3895.209
URL	：http://www.dhgpharma.com.vn/
E-Mail	：dhgpharma@dhgpharma.com.vn

DHG PHARMA
Vì một cuộc sống khỏe đẹp hơn

III. IT・コンピュータ・通信関連企業

自動解法と工業コンピュータ業界のスター企業が、信頼に重きを置き、日本企業との協力めざす

> Techpro Co., LTD は 2001 年に設立された、主に自動解法と工業コンピュータを提供する会社である。弊社は、顧客の利益、社会の利益、企業の利益のバランスを図り、信頼を得てきた。これまで築き上げてきた信頼を基にして、今後、技術レベルで世界トップクラスに位置する日本企業との協力を希望している。

自動解法と工業コンピュータ業界ではベトナムのトップ会社

　ハノイ工科大学を卒業した 2 人が 2001 年に弊社を設立しました。CEOは 7 年間 Kinsho corp という会社で経営の担当の経験がある Do Duc Hau 氏です。当初、弊社は IT とコンピュータを業務の中心としていました。しかし、厳しい価格競争に直面し、弊社は工業専門の製品に特化しました。2002年に弊社は、工業用コンピュータとセキュリティ設備を開発しました。

弊社は以下の分野の業務を行っています。①パソコン、コンピュータ、自動設備、メディア設備、SCADA ソフト、②セキュリティ設備、自動観察ドア、テロ対策、駐車場管理、③ディジタル印

刷、データベース印刷、バーコード印刷、封筒折り自動設備、④現金自動解法、安全自動宅配便、⑤業務分野に関するカウンセリング、デザイン、解法提案、予算、設定・提供・保険。

現在、弊社はコンピュータベーシック上で自動解法と工業コンピュータを提供する業界では、ベトナムでトップの会社です。弊社はこの業界で世界トップの Advantech, Red Lion 等のパートナーや代理店になりました。

弊社はベトナムで 80％の道路料金所が使っているコンピュータや 2500 の給油所での自動化システム等を手がけました。セキュリティ設備市場においては、弊社はカードや指紋によるアクセスシステムや自動ドアの先駆的企業です。弊社は視察からカウンセリング、予算作成、設置までのサービスを提供致します。顧客のセキュリティシステム・ソフトウェアを作成することもできます。VNPT、Viettel、NETLES 等、ベトナムの大企業と協力した経験もあります。印刷市場においては、ディジタル印刷と封筒折り自動設備に関して、弊社はアメリカの Kodak とスイスの Kern のパートナーです。

顧客の利益、社会の利益、企業の利益のバランスを図って得た信頼

弊社は顧客の利益、社会の利益、弊社の利益のバランスを重視しています。信頼はビジネスの礎だと考えおり、ビジネスにおける人間関係を大切にしています。弊社は技術志向の会社なので、常に顧客の声に耳を傾け、専門を活かし、顧客に最良の解法を提供することに全力を尽くしています。

弊社は技術面でもベトナムのトップ会社になることを目標にしています。また、弊社は活動的で創造的な最新管理システムがある企業を目指しています。将来、経済的にも技術的にも国民の信頼を勝ち取れる企業になることを目標にしています。

信頼に重きを置き、日本企業との協力めざす

日本の技術レベルは世界トップクラスです。弊社は、ベトナムやアジアにおけるプロジェクトを展開できるように、同じ技術分野で日本企業との

協力を希望しています。弊社は日本企業の下請け業者としてサービスを提供致します。在ベトナムの日本の請負業者や総合商社のパートナーになることも希望しています。

　CEO の Do Duc Hau 氏は日本企業に 7 年間勤務し、日本人の働き方をよく理解しています。弊社は、日本企業が「信頼」に重きを置いていることも理解しています。弊社も信頼を重視し、日本企業との協力を希望しています。

会社情報	
社名（英語）	: TECHPRO CO., LTD
代表者名（英語）	: DO DUC HAU (MR)
従業員数	: 55 人
授権資本金	: 500,000 USD
設立	: 2001 年
本社住所（英語）	: 6-7F Sang tao building #17/15 Ta Quang Buu st, HBT Dist, Hanoi, Viet Nam
電話番号	: 84+024 36230669
ファックス	: 84+024 36230670
URL	: http://www.techpro.com.vn
E-Mail	: hau.do@techpro.com.vn

TECHPRO

社名：**Rikkeisoft Company Limited**

高い技術力、優れた外国語運用能力を駆使して、
ベトナム最大手の IT 企業となることを目標に掲げ、日本企業との協力めざす

Rikkeisoft Company Limited は 2012 年 4 月に設立された、ソフトウェア
を生産、輸出している会社である。「社会の発展に貢献し、顧客のニーズに呼応し、
弊社の技術を改良する」をモットーとし、特にオフショア・アウトソーシングに
関心を寄せている日本企業との協力を希望している。

高い技術力だけでなく、優れた外国語運用能力を発揮して
顧客のニーズに迅速に応える

　弊社創業者は慶應義塾大学や立命館大学に留学し、ベトナムへ帰国後、
FPT ソフトウェアの開発に携わりました。その後、ソフトウェアの輸出
入、ウェブ・スマートフォンゲーム、業務システムソフトウェアを手がけ
る会社として 2012 年 4 月に弊社は設立されました。当初、弊社は資金繰
りと市場開拓の課題に直面しました。しかし、企業努力により、次第に日
本のパートナーの信用を獲得していきました。顧客から別の顧客を紹介し
ていただくこともありました。設立後 3 年で、社員は 100 人になり、1,000
の海外パートナーをもつまでに至りました。現在、弊社の顧客は 100％日
本企業です。ソフトウェア分野における日本市場で弊社のブランドは知名
度を高めています。2014 年、弊社は VINASA（ソフトウェアと IT サー
ビス協会）によって「BPO・IT・アウトソーシング・オフショア」分野
でベトナムトップ 30 の IT 企業と評価されました。

　ソフトウェア開発分野における日本市場で、弊社は開発スピードが優れ
ていると言われています。その秘訣は弊社に優秀な人材を惹きつける魅力
があることと、従業員の外国語運用能力が秀でていることがあげられます。
2012 年 4 月時点で社員は 4 人でしたが、2014 年末には 25 倍の 100 人に

なっていました。また、社員は外国語運用能力が高く、80％の社員は英語を使って作業しており、50％以上の社員は日本語で資料を読むことができます（日本語能力試験N3以上相当）。弊社の全プロジェクトはBrSE（ブリッジエンジニア）・PM（プロジェクト・マネジャー）が担当し、通訳者を介さず、直接顧客と接することができますので、顧客は通訳経費を削減できます。

社員は若く、多くは東京大学や慶應義塾大学といった日本のトップクラスの大学や、IT教育で著名なベトナムの大学の卒業生で、優秀です。ソフトウェア開発者の多くは全国数学・コンピューターサイエンス試験で優の成績を取ったり、大学入学試験の際、これらの科目を満点で入学したりする人たちです。また、リーダーと多くの社員は長期留学や仕事で日本に滞在したことがあるので、日本の労働形態や文化を理解しています。

弊社エンジニアは顧客のニーズをより的確に満たすために、プロジェクト前後にも顧客と打ち合わせを行います。品質と納期に係る顧客の厳しい要求をも満たしてきましたので、現在、多くの日本企業に信用され、長期的な協力関係を築いています。

「社会の発展に貢献し、顧客のニーズに呼応し、弊社の技術を改良する」をモットーに、ベトナム最大手のIT企業をめざす

弊社のモットーは「社会の発展に貢献し、顧客のニーズに呼応し、弊社の技術を改良する」です。弊社の使命は、創造的で高品質の製品を作り、モバイルとインターネットでより快適な生活を築くことです。弊社の目標は、将来ベトナム最大手のIT企業になることです。

来年日本に支店を開設する予定です。そして、その翌年には、アメリカやオーストラリアといった英語圏に製品・サービスを提供したいとしたいと考えています。そうすることで、弊社はベトナム5大IT企業の1つになることが近々の目標です。

ウェブ開発、スマートフォンアプリ（IOS、アンドロイド）、銀行金融システム、保険分野で特にオフショア・アウトソーシングに関心のある日系企業との協力を希望

　弊社はウェブ開発、スマートフォンアプリ（IOS、アンドロイド）、銀行金融システム、保険の分野で日本企業、特にオフショア・アウトソーシングに関心を寄せておられる日本企業との協力を希望しています。さまざまな協力形態があります。プロジェクトベースでオフショア開発センター（ODC）等顧客の直営会社で働く契約を交わし、日本企業にソフトウェア加工サービスを提供することもできます。ソフトウェア開発（コードと単体テストを含む）、ご要望の仕様書作成、システムテスト向けのシステム設計等の提供もできます。

　社員は平均年齢が低く、活発で、日本文化をしっかりと理解しており、常に努力して日本企業の厳しい要求に応じて、高品質の製品を提供致します。弊社は日越関係を高めるように、いつでも日本企業と協力したいと願っています。

会社情報	
社名（英語）	：Rikkeisoft Company Limited
代表者名（英語）	：Ta Son Tung
従業員数	：100人
授権資本金	：5.000.000.000 VND
設立	：2012年4月
本社住所（英語）	：3rd Floor, Sudico HH3 Building, Me Tri Str., Nam Tu Liem Dist., Hanoi, Vietnam
電話番号	：(+84) 43-6231-685
ファックス	：(+84) 43-6231-686
URL	：http://rikkeisoft.com
E-Mail	：contact@rikkeisoft.com

RIKKEI
where the dream begins

ICT 部門トップ 30 の優良企業が日本の ICT 企業とのパートナーシップを希望

VietSoftware International Joint Stock Company は 2006 年に設立された、IT 分野で多様なサービスを提供する会社である。2014 年、ベトナム ICT 部門で主要 30 企業に選ばれる。製造、エンターテインメント、エンタープライズ・モビリティ等の分野で日本のＩＣＴ企業とのパートナーシップを希望している。

ICT部門でトップ30

　弊社は、IT 分野で多様なサービスを提供する会社です。以下が弊社のコアビジネスです。①ソフトウェア開発サービス（ITO）、②システム統合についてのコンサルティングとシステム統合サービス（SI）、③クラウドやインターネットやモバイルなどのサービス（MCI）。

　世界のインターネット技術の市場浸透と投資手法を調べるために VietSoftware（VSII）が設立され、その管理部分がアウトソーシング市場やデータ処理市場に参入しました。当時、VSII はアウトソーシングのア

メリカ市場に焦点を当てていました。IBM がベトナムにアウトソーシングができる会社を調べていたからです。VSII は Java 技術と品質管理プロセスに強みを持っており、2003 年、ベトナムにおける IBM 初のアウ

トソーシング・プロジェクトのパートナーとして VSII が選ばれました。

　当初、IBM は VSII と協力して ODC を稼動しました。IBM は ODC の規模を次第に拡大し、ベトナムに持続的基盤を置くことになりました。専用化ソフトウェアのアウトソーシングと新技術のビジネス開発のために、2006 年 7 月に、VSII は VietSoftware インターナショナル JSC を設立しました。

　VSII には以下のような業績があります。① 2008 年に DANIDA　B2B のプログラムでデンマークのパートナーとパートナーシップを設立、② 2010 年〜 2011 年に TIBCO の戦略パートナーになり、ベトナムでシステム統合とコンサルティングのミドルウェア市場参入、ダナンでデータ処理の会社設立、③ 2012 年に品質管理システムについての ISO9001：2008 取得、④ 2013 年に情報セキュリティの安全的なシステムについての ISO27001：2005 取得、⑤ 2014 年、ベトナムソフトウェア協会は弊社をベトナム ICT 部門で主要 30 企業に選びました。

　弊社はアウトソーシングや国際規格 ISO、CMMI に基づくソフトウェアサービスを提供し、海外でも高い評価を得ています。弊社は従業員を家族のように思い、キャリア開発の支援をしています。高い技術を持ち、製造プロセスを継続的に改善し、高品質サービスを提供しています。

アウトソーシングやシステム統合分野でITサービスのプロバイダー

　アウトソーシングやシステム統合分野で IT サービスのプロバイダーになることが弊社の目標です。この目標を成就するために、弊社は「パートナーシップ」を重視し、信頼の強化に努めています。弊社のスタッフは勤勉で、高品質のサービスを提供することに誇りを持っております。弊社は IBM にソフトウェア・サービスを供給しているベトナム最大の企業です。弊社は日本の顧客の厳しい要求にも対応しております。弊社がもっている専門知識、プロジェクト管理の高い能力、優れたスキルにより、アメリカ、ヨーロッパ、オーストラリア等でも信頼を得ております。

　弊社は、企業文化や職業倫理を浸透させ、優秀な人材確保の褒章制度を

充実させ、従業員の満足度を高めたいと思います。さらに、弊社の技術力を高め、新商品の開発、市場競争力強化、新しい経営手法の開発等に活用したいと思います。今後、弊社は ISO 9001, ISO27001 の基準的なシステムを適用し、ソフトウェア製造のプロセスを標準化する予定です。

緊密に連携したビジネスモデルを基づき、日本のICT企業とのパートナーシップを希望

　弊社は、製造、教育、電子書籍、財政、保険、エンターテインメント、健康管理、エンタープライズ・モビリティといった分野で日本のＩＣＴ企業とのパートナーシップを希望しています。弊社の強みは以下のような点です。①高い技術力を持った人材と高品質の商品・サービス提供、②オフショア開発に特化、③専門分野に焦点をあて、高度技術分野でのリーディングカンパニー、④従業員の日本語運用能力強化、日本の貿易慣行の理解促進等による日本市場重視。

会社情報

社名（英語）	: VietSoftware International Joint Stock Company
代表者名（英語）	: Le Xuan Hai（Chairman and CEO）
従業員数	: 350 人
授権資本金	: 10.000.000.000 VND
設立	: 2014 年
本社住所（英語）	: 6th Floor, Building 15 Pham Hung Road, Tu Liem Dist., Hanoi, Viet Nam
電話番号	: (+84) 437280366
ファックス	: (+84) 437280367
URL	: http://www.vsi-international.com
E-Mail	: contact@vsi-international.com

VietSoftware
INTERNATIONAL
Your Collaborative Development Partner

社名：**FPT Information System**

アジアのトップ・システムインテグレータ

FPT Information System は 1994 年に設立された、ソフトウェアソリューション、IT サービス、システムインテグレータ等を提供する会社である。これまでに数々の国際的な賞を受賞している。高い技術力をもったエンジニアを多数そろえ、世界で貢献している。政府のシステムインテグレーションサービス、ERP サービス、BPO サービス等の IT 分野で日系企業との連携を希望している。

国際的な賞も多数受賞経験があるアジアのトップ・システムインテグレータ

　弊社はベトナムトップ情報通信技術グループ（FPT グループ）のメンバーで、1994 年に設立され、ソフトウェアソリューション、IT サービス、システムインテグレータ等を提供する会社です。政府、財政、金融、通信、医療、交通、公共サービス、教育、ケーブルテレビ、営業等の分野で、さまざまなソリューションや先進情報技術のサービスを提供致します。弊社は 3200 以上の顧客サービスや経済分野に精通したエンジニアを有してい

ます。

　弊社は ISO 9001:2008、ISO 27001 、CMMi- 3 級を取得しており、品質管理、情報セキュリティ、ソフトウェア生産プロセスにおいて高い品質を保証しております。弊社が手がけるプロジェクト管理プロセスは、PMP と CMMI の国際的プロジェクト管理基準、ASAP（SAP）、ADM（アクセンチュア）AIM（オラクル）等の典型的な手法に基づいて実施致します。

　20 年以上の実績のある弊社はトップ・システムインテグレータ企業と高い評価を得ております。数千人の専門家を有しており、2000 人以上が、CISCO、IBM、MICROSOFT、ORACLE などの世界の一流テクノロジー会社から認定されています。世界トップクラスの IT ソリューションプロバイダと密接な協力関係を築いている弊社は国内外の大手企業や国家機関に情報システムを提供しています。

　弊社は QUANG NINH 省で行政センターを構築しました。また、ベトナム国有鉄道に IT システムをリースし、電子チケット発券システムを構築しました。さらに、ベトナム国立銀行に大規模な IT システム導入等、国家プロジェクトにも参画しています。

　また弊社は、カンボジア王国政府にプロジェクト予算配分システム、バングラデシュ税務当局に統合所得税管理システム、フィリピン政府に提訴・訴訟管理システムを提供しています。また、ASEAN IT 賞（ASEAN ICT Awards - AICTA）、GTB INNOVATION AWARDS 創造経営賞、アジア - 太平洋 IT 賞（APICTA 賞）等を受賞しております。このように、弊社の技術力の高さは海外でも評価を得ています。

顧客の成功は弊社の発展の原動力

　顧客の成功は弊社の発展の原動力です。20 年以上に渡り、弊社は 4,000 の契約で 1,000 以上のグローバル顧客から高い評価と信頼を得ています。高品質のグローバル IT サービスとソリューションソフトを提供することが弊社の目標です。常に顧客のために価値を創造し、すべての関係者に幸せな生活を届け、社会に貢献したいと思います。

システムインテグレーションサービス、ERPサービス、BPOサービス等のIT分野で日系企業との連携を希望

　弊社は政府のシステムインテグレーションサービス、ERP サービス、BPO サービス等の IT 分野で日系企業と関係を構築したいと考えております。弊社は統合スキル、専門知識、高い言語能力（特に日本語運用能力）を持つ従業員を有しています。弊社には 2,500 人以上のエンジニアがおり、そのうち 2,000 人以上は国際的な技術証明書を持っています。弊社は 20 年以上の実績があり、アジアでトップ・システムインテグレータと評価されています。弊社は高い技術力によって、世界にサービスと IT ソリューションをお届けします。

会社情報	
社名（英語）	: FPT Information System
代表者名（英語）	: PHAM MINH TUAN
従業員数	: 3200 人
授権資本金	: 550.000.000.000 VND
設立	: 1994 年
本社住所（英語）	: 22nd Floor, Keangnam Landmark72 Tower, E6, Pham Hung road, Me Tri commune, Nam Tu Liem district, Ha Noi, Viet Nam
電話番号	: 0435626000
ファックス	: 0435624850
URL	: http://www.fis.com.vn
E-Mail	: contact@fis.com.vn

FPT Fpt Information System

**ＩＴ、通信、実験装置分野、500 kV の電気設備供給分野での
リーディングカンパニー**

COMPUTER - COMMUNICATION – CONTROL 3C INCORPORATION は 1989 年 10 月に設立された、ＩＴ、通信、電気設備、他の工業商品の販売を行っている会社である。弊社は株主の利益と従業員の権利の両方を尊重し、顧客と社会の利益に新しい価値を生み出し、高い評価を得ている。これまで欧米諸国の企業と協力してきた経験を活かし、500 kV 高電圧の設備、実験設備、計測設備、ＩＴ分野における日系企業との協力を希望している。弊社の競争力を高めるためには、日系企業から最先端の設備と技術を導入することが不可欠である。

ＩＴと通信分野におけるトップカンパニー

　弊社は 1989 年 10 月に設立されました。弊社はＩＴと通信分野でベトナムにおけるトップカンパニーとなりました。弊社は有能な人材を引き付けることで、ソフトウェア製品とテクノロジーソリューションができ、社会主義国にコンピュータを輸出しました。弊社は国内外での信頼を高め、HP, Compaq, Olivetti, Digital 等の大手コンピュータ企業がベトナム市場開拓のために弊社と協力しました。1990 年代初期に弊社は、大手コンピュータ企業の独占代理店となって、ベトナム北部のＩＴ市場を支配しました。

　通信分野では、ベトナムのテレコミュニケーションネットワーク用ＢＴＳステーションと（電気通信ステーション）、ＳＤＨ伝送ステーション、銅線ケーブル、光ケーブルシステム等のデザインと設置計画に参加し、弊社は名声を得ました。この功績を通して、国家発展の初期にＩＴと通信領域の発展において、弊社は重要な役割を果たしました。

　弊社は徐々に国内外で確固たる地位を築いていき、IT と通信分野だけではなく、500 kV の高電圧設備市場に踏み出しました。弊社は、Siemens, GE, Trench, Loruenser, Coelme 等、世界のトップ電気設備企

業のパートナーになり、国家の 500 kV 送電線システムと各変電所へ 500 kV の高電圧設備を提供するプロジェクトにおいて、各企業の技術を統合し、顧客に最新かつ最高品質のサービスを提供しました。その結果、弊社は高く評価されることとなりました。

また弊社は、G7 グループおよび Megger, Baur, ISA, Doble, Energy support, Fluke, Flir, Dilo, Pall, Raytech USA 等、ヨーロッパ諸国の著名な大企業の実験装置や計測設備分野における最先端技術を電力部門に応用しました。

さらに、ＩＴと電力部門において同時に活動することで、弊社は自動制御の領域で力を発揮しました。その結果、Siemen, ABB, GE, Revalco, Phoenix Contact, Elster 等、世界トップ企業の設備を使用することができるようになり、SCADA システム、変電所の保護とコントロールシステムのデザイン、統合、展開に応用できるようになります。

３Ｃはベトナムにおける最初のコンピュータ会社の１つでした。会社の発展のためには企業経営が重要な役割を果たすので、弊社は絶え間なく経営プロセスの改善に取り組んでいます。また、会社設立当初から、ビジネ

スマナーを大切にしています。弊社の人事戦略が功を奏し、主要スタッフは高い能力を持っています。適切な経営戦略により、弊社は 500 kV の電気設備セグメントを取り扱う能力もあります。

　弊社は株主の利益と従業員の権利の両方を尊重し、顧客と社会の利益に新しい価値を生み出し、高い評価を受けています。弊社は GE, Siemens, Trench, Coelme 等のパートナーであり、ベトナムの顧客と企業の間の理想的橋渡し役を担っています。弊社は技術力を高めるために不断の努力をして顧客のニーズに応え、高い評価を得ています。GE, Siemens 等、長年のパーナトーには高品質の 500 kV 電気設備を供給し、高い評価を受けました。

ＩＴ、通信、実験装置分野での大手企業の座、500 kV の電気設備供給分野でのトップカンパニーの座を維持

　弊社の基本的な経営方針は、顧客の信頼を獲得し、満足度を高めることです。弊社は、法律を遵守し、業界文化に則り弊社の価値を不断に高めています。

　弊社はベトナムにおいてＩＴ、通信、実験装置分野で大手企業となり、500 kV の電気設備供給分野ではトップカンパニーの座を維持することが目標です。この目標を達成するために、弊社は効果的で迅速かつ安定した発展を遂げます。海外でも著名な会社になることを将来の目標としています。顧客に最高の商品とサービスを提供することで、株主と従業員に利益をもたらします。

　ベトナムでは、ＩＴ、通信、計測設備、500kV の電気設備分野でのニーズはますます高まります。これらの市場での競争は激化しますので、世界の最先端設備・技術を駆使し、高品質、手頃な価格、優れたサービスを提供し続けることを目標にしています。

技術面において、日本とベトナムの架け橋になるような協力関係の構築を望む

　弊社は 500 kV 高電圧の設備、実験設備、計測設備、ＩＴ分野における

日系大企業との協力を希望しています。ベトナム市場における競争で優位にたつためには、日系大企業から最先端の設備と技術を導入することが不可欠です。

　以下のような形態で日系企業と協力したい。①日系企業によるアウトソーシングにより、弊社がソフトウェアの加工、製品・補助商品の組み立て・製造、②弊社が日系企業から導入した新技術をベトナムのパートナーに移転する際の仲介役。

　弊社はこれまでの経験を活かし、日系企業のパートナーとなり、日本とベトナムの技術面におけるブリッジ役になることを希望しています。

会社情報	
社名（英語）	：COMPUTER – COMMUNICATION – CONTROL 3C INCORPORATION
代表者名（英語）	：DO DUY HUNG
従業員数	：45 人
授権資本金	：3.400.000.000 VND
設立	：1989 年
本社住所（英語）	：54 Giang Van Minh Street, Doi Can Ward, Ba Dinh District, Ha Noi City, Vietnam
電話番号	：04 3733 1699
ファックス	：04 3843 3316
URL	：http://www.3c.com.vn
E-Mail	：sale@ccc.com.vn

3C
COMPUTER - COMMUNICATION - CONTROL INC.

社名：VietVang JSC －ベトバン株式会社

品質面で世界レベルを目指して

VietVang JSC －ベトバン株式会社は2012年に設立されたIT,通訳にたずさわる会社である。社員のスキルアップを積み重ね、世界トップレベルのサービスを提供できる会社になることが目標である。特にサイバーセキュリティ分野を重点的に研究する計画を立てている。そのためにも、日本企業と協力してソフトウェアの共同開発を希望している。

ベトナムの小さな会社が世界レベルへ

弊社は2012年に設立されたIT,通訳にたずさわる会社です。ベトナム戦争終結後40年が経ちました。そして多くの産業がゼロから立ち上がる中、世界のレベルに追いつくには多くの課題が残っています。特に、インフラの整備や裾野産業の発展が遅れることによって、多くの産業の発展スピードに影響しているのが現状です。

一方で、IT産業は幸いなことに、こういった影響は受けずに、自分の力だけで発展できる状況になっています。さらに、ベトナムの教育は昔から理論を中心とした教育なので、この教育を受けてきたベトナムの若者は

IT業界には向いています。こういった背景から、弊社が設立されました。今後は、個々の社員が世界で通用するエンジニアになることができるようにスキルを伸ばし、その力を最大限活かすことで、弊社はさらに成長していきます。

2015 年、弊社では「VV-CRM」という自社製品を開発しました。IT を活用し始めて間もないベトナムの複数の企業が導入したところ、使いやすいと高い評価を得ています。この製品の開発を通じて、弊社社員もソフトウェアのあるべき姿は使う側の思い、ニーズから考えるべきものだとの理解を深めました。同年、日本の顧客からの注文で、ドップラーセンサーから心拍、呼吸の信号を取り、遠隔の iPad まで HTTP 通信し、グラフやアラームを表示するという世界最先端技術を使った製品開発も致しました。

　このように、常に世界とベトナム、両方の状況をしっかりと見据えつつ、一方で日々社員のスキルアップを積み重ね、個々の社員にしっかりと自信を付けさせ、世界に通用する人材へと成長させることで、弊社が世界トップレベルのサービスを提供できるようになると確信しています。

　弊社の強みといえば、高品質の製品とソフトウェアの設計能力をもつことです。ただコーディングだけではなく、ソフトウェアの設計の段階から、顧客と一緒になって、ソフトウェアのあるべき姿を考え、提唱する能力を持っていることです。

「高品質」とは、顧客が使いやすいと思っていただくことです。弊社のVV-CRM パッケージには、顧客ジャンルの自動分類や広告キャンペーン予算、実績管理等、難しい機能はないのですが、顧客検索機能、取引検索機能、顧客一覧のインポート機能等は充実しており、誰でも簡単に理解でき、すぐ使えるようになっています。

従業員の技術を引上げ、品質面で世界レベルへ

　先進国と比べて、発展途上国の会社は一般的により小さく、製品の品質が低いという傾向があります。弊社はまずこの傾向から脱出します。弊社は、スケールは当面大きくできないのですが、品質の面や想像力の面では

世界レベルに追いつきます。

　弊社の目標はまず、従業員の技術を世界の一般のIT企業のエンジニア程度に教育することです。その上で、セキュリティ（サイバーセキュリティ）の分野を重点的に研究し、同業他社よりこの分野で精通するようにしたいと思います。サイバーセキュリティ案件はもちろん、通常のソフトウェア開発やWebサイト構築にもセキュリティの面を常に考慮して万全に対応していきます。

共同ソフトウェア開発を目指して日本企業との協力希望

　弊社は以下のような日系企業との協力を希望しています。（1）研究開発を重視するIT企業、（2）製造業で生産管理ソリューション（ソフトウェア）を必要とする企業、（3）Web-アプリケーションでサービスを提供している企業。弊社はコストが低いだけではなく、発想力や想像力も会社の強みです。日本企業と共に、素晴らしいソフトウェアの開発に従事したいと思います。

会社情報

社名（英語）　　：VietVang JSC －ベトバン株式会社
代表者名（英語）：ホアン ハイ チュウ
従業員数　　　　：18人
授権資本金　　　：20万USD
設立　　　　　　：2012年
本社住所（英語）：7 Tran Xuan Hoa str., Ward 7, District 5, HCMC
電話番号　　　　：+84-（028）-62651411
ファックス　　　：——
URL　　　　　　：https://vietvang.net
E-Mail　　　　　：info@vietvang.net

社名：**Mat Bao Corporation**

インターネットインフラサービス提供で活躍する企業

> Mat Bao Corporation は 2002 年に設立された、国内と国際ドメイン登録、ネットインフラスサービス、商売ウェブサイトサービス、ビジネス・プロセス・アウトソーシング（BPO）、電子スポーツ（サイバーゲームセンター）等にたずさわる会社である。ウェブデザインから、設立当時あまり人気がなかったインターネットインフラサービスを提供する方向に業務を変更し、現在この分野でトップ会社である。しかし、現状に満足せず、毎日一位になるための道を進んでいる。日本とベトナムの市場に共通点がある分野で、日本企業との協力を希望している。

ウェブサイトデザインからインターネットインフラサービスへ

　弊社は 2002 年に設立された、国内と国際ドメイン登録、ネットインフラスサービス、商売ウェブサイトサービス、ビジネス・プロセス・アウトソーシング（BPO）、電子スポーツ（サイバーゲームセンター）等にたずさわる会社です。

　2002 年、インターネットがベトナムに入ったばかりの時に設立されました。当時、投資金が少なく、主な作業はウェブサイトのデザインでした。経営戦略がよく、次第に顧客も増えていきました。当時、ウェブサイトの

デザインは競争が激しかったのですが、インターネットインフラサービス
を提供する会社はあまりありませんでした。

その状況を見て、ドメイン登録サービス、レンタルサーバー、ウェブ
サイトスペース保存の作業に主な業務を変更しました。この変更が成功
し、弊社は発展し、安定した収入と固定客の数が増えていきました。2007
年、ハノイにも進出しました。2012 年、ベトナムとインドシナで弊社は
ICANN 最初の登記係 になりました。

ウェブサイトインフラにおいて、「Chili −早くウェブサイト作れる解法」
を研究し、作り出しました。2012 年末に市場に出されると、各方面から
高い評価をいただきました。

2014 年、弊社はビジネス・プロセス・アウトソーシング（BPO）分野
に参入しました。BPO は世界中でよく知られていますが、ベトナムでは
あまり知られていません。BPO に IT を応用することが弊社の特徴になり
ました。現在弊社は Microsoft, ACECOOK, Daikin, Home Credit 等の信
頼できるパートナーとなっています。

さらに弊社は E スポーツにも参加し、Aces Gaming 訓練センターとい
うホーチミン市に最大なゲームセンターを開きました。これはベトナム最
初のゲーム訓練センターで、今後各省に広げていく予定です。

インターネットインフラにおいて、弊社はインドシナにおける ICANN
最初の登記係です。弊社は常にベトナムのドメイン登録を提供する会社の
トップの地位にあります。弊社の利点はケースを早く解決することです。
ベトナムインターネットセンターの統計によると、弊社はホスティングに
つてもトップの地位にあります。

Data Center サービスについて、弊社は ODS（Online Data Service）
ブランドとして、ベトナムのホスティング企業に Co-location と Dedicated
server のサービスを提供するリーディング・カンパニーです。

BPO に関して、ベトナムでは新しい分野ですが、弊社には経験豊富な
人材があり、市場の動向は把握しています。弊社は、BPO 解法の提供と
Contact Center サービスを提供し、急激に発展していく会社です。

「一位までの道を極める」

　弊社の経営理念は「一位までの道を極める」です。弊社は、いつもトップにいる会社と異なり、弊社の地位に満足したことはありません。常に環境が変わっているので、不断の競争です。現状に満足せず、日々トップになるための道を進んでいます。

　モダンな職場で、よい雰囲気を作り、社員に安定感を与える居場所を提供しています。常にトップの地位を守ることができるように、より専門的な高度なサービスを提供できるように努力致します。

共通点がある分野で日本企業との協力希望

　弊社の第一希望は、日本とベトナムの市場に共通点がある分野に関する

相談・研修・経験交換を日本企業と行うことです。第二希望は、テクノロジー分野等で、日本企業が投資をしてくれることです。弊社の詳細に関しては、Mat Bao Company でインターネット検索して下さい。

会社情報

社名（英語）	: Mat Bao Corporation
代表者名（英語）	: Le Hai Binh（Benson Le）
従業員数	: 2300 人
授権資本金	: 37.9 ti VND
設立	: 2002 年
本社住所（英語）	: 3rd Floor, Anna Building, Quang Trung Software City, District 12, HCMC
電話番号	: +84（028）3622 9999
ファックス	: +84（028）3842 6651
URL	: http://www.matbao.com/,　http://www.matbao.net/
	http://www.matbaobpo.com/,　http://www.chili.vn/
E-Mail	: Marcom@matbao.com

MATBAO

社名：**FUJINET SYSTEMS JOINT STOCK COMPANY**

従業員が 10 人から 650 人に急成長し、ベトナム 1 の企業目指す

FUJINET SYSTEMS JOINT STOCK COMPANY は 2000 年 9 月に設立された、ソフトウェア開発、ER パッケージ、SI 事業、CAD 事業等にたずさわる会社である。当初 10 人しかいなかった従業員が 650 人に急成長を遂げた会社である。CMMI レベル 3 や ISMS ISO を取得し、顧客によりよきサービスを提供している。「高品質、納期遵守、経済的価格」をモットーに、ベトナムトップの会社になることを目標としている。5. オフショア市場の日本企業との協力を希望している。

従業員がわずか10人から650人に急成長を遂げた会社

　弊社は 2000 年 9 月に設立された、ソフトウェア開発、ERP パッケージ、SI 事業、CAD 事業等にたずさわる会社です。CEO は 1987 年に、ホーチミン市工科大学を卒業し、日本語を勉強して日系企業に勤務し、2 年間日本で仕事をしました。1996 年に帰国し、弊社の前身を立ち上げ、日本人にコンピュータとハードウェアだけの営業を行っていました。2000 年、

弊社はソフトウェアの業界に参入しました。当初、従業員はわずか 10 人で、多くの困難に直面しましたが、品質を重視していたこともあり、徐々に顧客の信頼を獲得し

ていきました。現在、弊社は従業員 650 人まで成長しました。

　弊社は常に品質向上を目指し、納期を遵守し、顧客に最良のサービスを提供できるように努力しています。弊社は単に技術だけでなく、従業員の日本語能力の向上にも注意を払っています。

　2008 年 8 月 15 日、弊社は CMMI レベル 3（ソフトウェア開発の品質管理基準）を取得しました。CMMI を使い、弊社はさらによいサービスを顧客にお届け致します。

　情報安全システムの管理 (ISMS ISO 27001:2005) の承認を取得した後、2015 年 5 月に再検討が行われた結果、新しい承認（ISMS ISO 27001:2013）を取得致しました。弊社は ISMS システムを常に改善し、顧客によりよきサービスを提供致します。

　現在、弊社は Bug BTMS（Bug Tracker Management System）と Q&A（Question & Answers Management System）という二つの管理ツールを利用し、品質と業務の効果を高めています。

「高品質、納期遵守、経済的価格」

　弊社の経営理念は「高品質、納期遵守、経済的価格」です。この理念に従って弊社が発展するように努力しています。日本のソフトウェア開発に関しては、ベトナムトップの会社になるために、プログラマーを厳しく訓練し、日本語の教育もしています。

オフショア市場の日本の会社との協力希望

　弊社設立後、日本企業のソフトウェア加工の仕事をしていました。従業員は専門的な知識だけではなく、責任感があり、日本語や働き方も理解できるので、常に顧客から高い評価をいただいていました。社長は20年間日本人とやり取りの経験があり、60人の管理者やプログラマーが日本のパートナー企業で研修を行いました。

　弊社のプログラマーはトップ大学のIT専攻の卒業生で、弊社の厳しい入社試験に合格した能力の高い者です。日本語でプログラミングができ、関連項目に日本語で対応できます。日本人の方と通訳者と共に、プログラム資料やメールは全て日本語で行なえます。セキュリティ管理に関して、弊社はISO27001（ISMS）の基準に応じており、Fujinetセキュリティ管理グループを創設し、常に弊社のセキュリティのために努力しています。

<table>
<tr><td colspan="2" align="center">会社情報</td></tr>
</table>

社名（英語）	：FUJINET SYSTEMS JOINT STOCK COMPANY
代表者名（英語）	：Nguyen Dang Phong
従業員数	：650人
授権資本金	：660億ドン
設立	：2000年9月
本社住所（英語）	：Waseco Building, 10 Pho Quang Street, Tan Binh District, Ho Chi Minh City
電話番号	：028-3847-7000
ファックス	：028-3847-5000
URL	：http://www.fujinet.net/
E-Mail	：info@fujinet.net

社名：**CUSC**

オフショア開発分野に強いソフトウェア開発会社の急成長

CUSCは2001年3月に設立された、ソフトウェア開発、アウトソーシング・サービス、ITソリューション・コンサルティング、コンピュータ教育等にたずさわる会社である。順調に成長し、ベトナムソフウェア業界協会の表彰を受けるまでに成長した。弊社が得意なアプリ加工分野で日系IT企業との協力を希望している。

2001年に情報エンジニアはたった7人だったが、現在は100人以上に成長

弊社はメコンデルタ地域で最初のソフウェアセンターとして2001年3月に設立された、ソフトウェア開発、アウトソーシング・サービス、ITソリューション・コンサルティング、コンピュータ教育等にたずさわる会社です。弊社はソフウェア開発、情報プロジェクトのコンサルティング、ソフウェア工業人材育成をミッションとしています。

2001 年、情報エンジニアはたった 7 人しかいませんでしたが、現在は 100 人を超えています。弊社は 国内外の顧客の信頼できるパートナーになることができるように、研究に励み、新技術をアップデートし、顧客に最良の方法を提案しています。

　その結果、2007 年、2008 年、2009 年、2013 年、2015 年にソフウェア製品分野でベトナムソフウェア・情報・技術サービス協会から「SaoKhue」賞を受賞しました。2015 年、VINASA に Top40 ベトナム情報社に選ばれました。さらに、VNITO アライアンスによる、エマージングオフショア企業として認定されました。

顧客の技術的要望を満たし、能率を高める

　弊社は、「メコンデルタ及びベトナムのソフウェア工業のため」一致団結して共に発展するという方針を立てています。弊社は市場の需要に応じてソフウェアを開発し、ソフウェア関連人材を育成し、さまざまな分野に情報技術アプリが応用できることを伝えています。

　外国のパートナーと協力し、海外市場を開拓し、グローバル市場でベトナムソフウェアの商標を作っています。顧客の技術的要望を満たし、顧客の能率が上がるような製品を生産する企業になるのが目標です。

弊社が得意なアプリ加工分野で日系IT企業との協力を希望

　弊社は電子取引ウェブサイト、ウェブサイト管理援助アプリ (Linux/Windows, PHP/Java/ASP.Net, MySQL/MS SQL/Oracle), 携帯アプリ Android/iOS と Web API、伝統的デスクトップと C#.Net など、弊社の強みであるオフショア開発で日系 IT 企業との協力を希望しています。

　これまで長年にわたり日本市場に加工サービスを提供し、日本に短期・長期派遣を行っています。弊社はベトナムで、ベトナムソフウェア・情報技術サービス協会 (VINASA) と日本・ベトナム協会（VJC）の会員です。

　弊社は人材育成を重視しています。弊社従業員全員が「品質第一」を念頭に置いており、国際市場で確固たる地位を築いている。弊社は ISO

9001:2008 を取得しています。

　弊社はカントー市に本社を設置しています。カントー市には５つの大学と日本語教育センターがあります。弊社は毎年優秀なエンジニアを育成しています。カントー市の物価がホーチミン市とハノイの物価より安いことも弊社の強みとなっています。

会社情報

社名（英語）	：CUSC
代表者名（英語）	：Nguyen Hoang Viet
従業員数	：101 人
授権資本金	：285.949 USD
設立	：2001 年 3 月
本社住所（英語）	：01 Ly Tu Trong street, An Phu ward, Ninh Kieu district, CanTho city, Viet Nam
電話番号	：（84-292）373 1072
ファックス	：（84-292）373 1071
URL	：http://cuscsoft.com/index.php?outsource_jp/JP
E-Mail	：cusc.sales@ctu.edu.vn

出典：ウィキペディア「ベトナム国立銀行」
https://ja.wikipedia.org/wiki/%E3%83%99%E3%83%88%E3%83%8A%E3%83%A0%E5%9B%BD
%E7%AB%8B%E9%8A%80%E8%A1%8C
（2017 年 12 月 18 日にアクセス）

出典：ウィキペディア「日本銀行」
https://ja.wikipedia.org/wiki/%E6%97%A5%E6%9C%AC%E9%8A%80%E8%A1%8C
（2017 年 12 月 18 日にアクセス）

IV. サービス関連企業

社名：**PHUC HUNG ARCHITECTURE CORPORATION**

事業分野を拡大させながら、建設や設計分野での日本企業との協力めざす

PHUC HUNG ARCHITECTURE CORPORATION は 2004 年に設立された、建設、建築設計、インテリア、景観、計画、工業団地インフラストラクチャーの投資、カウンセリング等を行っている会社である。「良いものを、さらに良いものを」をモットーとし、継続的イノベーションを進めている。建設分野への日本からの投資を歓迎するとともに、日系企業のベトナム進出を初期の段階から支援する。

景観設計、計画、不動産投資、職業訓練等の分野に事業を拡大させ、国内外の大規模プロジェクトをこなす

　建設や建築設計をする会社として 2004 年に設立した弊社は、事務所を転々としたり、十分な熟練従業員を確保できなかったり、ノーブランドのためなかなか契約をとることができず、パートナーや投資家からの信頼もなかなか得ることができませんでした。しかし、その後 10 年間の企業努力により、現在では、景観設計、計画、不動産投資、職業訓練等の分野に事業を拡大させています。

現在は安定した事務所を構え、社員の人数は増え、国内外のトレーニングを受けて専門的な技術を身に着けた熟練従業員も多くいます。装置分野では長年の経験を有しており、POSCO E & C 投資家の BAC AN KHANH 新都市（韓国）、HOANG HUY 集団の GOLDEN LAND BUILDING（ベトナム）、FORMOSA 集団の FORMOSA（台湾）、JGCS ゼネコンの NGHI SON 石油化学コンビナートなどの国内外の大規模プロジェクトをこなすことで、大きく成長して参りました。今や、弊社は建設や設計の分野で優れたブランドを確立しており、多くの外国企業の戦略的パートナーになっています。

現在、弊社はベトナムのタインホアに、200 ヘクタール規模の 2 つの工業団地にインフラ建設を施行しています。また、NGHI SON 経済区（タインホア）近郊に物流サービスエリアを拡大しています。

「良いものを、さらに良いものを」をモットーにした継続的イノベーション

弊社のモットーは「良いものを、さらに良いものを」です。顧客のニーズにこたえるために、高品質、迅速納品、低コストを目標としています。弊社は、将来ベトナム最大の建設会社なるという目標があります。そのためには、知識を身につけ、専門技術を高め、建設・デザイン・技術と管理の経験を積む必要がありますので、外国企業との協力を望んでいます。

弊社の戦略的目標は、継続的イノベーション、開発投資の増加、多種目に適合した生産経営の拡大、土木建設や産業などの分野を中心とした製品の多様化です。さらに、競争力を強化し、経営効率を向上させ、地域と海外の統合に向けて持続的な発展を目指します。

建設や設計の専門・経験分野を向上させるために、
これまで以上に日経企業との協力を希望

弊社は 2014 年に矢田工業所と BIM SON 工業団地リース契約を交わしました。また、弊社は日揮、テクニップ（フランス）、Ｇ Ｓ建設（韓国）、千代田化工建設、Ｓ Ｋ建設（韓国）で構成される「JGCS コンソーシアム」

と NGHI SON 石油化学コンビナートの建設・建築に関する契約を交わしました。このように、弊社は着実に日本企業との関係を深めています。

　弊社は建設や設計の専門・経験分野を向上させるために、日経企業との協力を望んでいます。また、ベトナムでの現地生産のために工場を建設したいとお考えの外国投資企業とも協力を望んでいます。

　弊社は建設分野への日本からの投資と市場拡大を目指す企業がベトナムに進出するのを歓迎いたします。弊社は日系企業のベトナム進出を初期の段階から支援致します。

会社情報

社名（英語）	: PHUC HUNG ARCHITECTURE CORPORATION
代表者名（英語）	: Mr. TRINH NGOC KHANH
従業員数	: 400 人
授権資本金	: 108.000.000.000 VND
設立	: 2004 年
本社住所（英語）	: 59 Hoang Ngan street, Nhan Chinh ward, Thanh Xuan district, Hanoi, Vietnam
電話番号	: +84.4.66514565
ファックス	: +84.4.35113128
URL	: http://www.fuhucorp.vn
E-Mail	: khanhsfuhu@yahoo.com.vn

社名：**IDEA TECHNOLOGY JOINT STOCK COMPANY**

「顧客は核心」という理念に基づき、サービス向上に不断の努力

IDEA TECHNOLOGY JOINT STOCK COMPANY は 2010 年に設立された、オートメーションの製造、図面の業務請負、3D モデリング等にたずさわる会社である。また、弊社は日本市場で CAD/CAM の処理と設計するベトナム初の会社である。「顧客は核心」という弊社の理念に基づき、顧客の要望に応えられるよう、全力で努力する。そのためにも、図面の業務請負、3D モデリング、商品・機械のデザイン・設計、人材の訓練と紹介等の分野で日本企業との協力を希望している。

日本市場でCAD/CAMの処理と設計するベトナム初の会社

　弊社は 2010 年に 5 人の社員の規模で設立された、現在は 225 人となっており、その内、設計技術者は 165 人です。オートメーションの製造、図面の業務請負、3D モデリング等にたずさわる会社です。当時、弊社は日本市場で CAD/CAM の処理と設計するベトナム初の会社でした。取締役会の人たちは日系企業に長い期間働いたことがありました。従業員が若手なので、日本のような厳しい市場に参入する自信があったようです。現在、IDEA は 85 社の顧客を持ち、日本に 2 つの支店があります。顧客のご要望に応えることができるように、常に努力しています。設計だけではなく部品加工・設備製作工場も持ち、一環生産体制できるようになりました。

　運営チームは経験豊富で、顧客と弊社のために全力で貢献しています。従業員はベトナムのトップ大学を卒業したエリートで、常に新しいことを目指す若手たちです。図面のデザイン、製造の図面、3D モデリングも製作できます。また、デザインだけでなく、日本の水準を満たした機械の製造もできます。

「顧客は核心」

「顧客は核心」が弊社の経営理念です。顧客に弊社が持っている人力、財力、物力等すべてのリソースを提供致します。あらゆる知識、能力、精神力を動員して商品を取り扱います。常に顧客に新しい独特のアイディアを提供致します。

弊社は人材育成を重視しています。日本の顧客に対してデザイナー不足を解消するように全面的に協力致します。そのために、CAD、図面、デザインの訓練センターを設立し、ベトナムと日本に人材を提供致します。また、弊社はベトナムの生産の機械と生活用商品を提供するトップの会社になることを目標としています。

さまざまな分野で日本企業との協力希望

図面の業務請負、3D モデリング、商品・機械のデザイン・設計、人材の訓練と紹介等の分野で日本企業との協力を希望しています。ベトナム人は日本人を目標としており、密接な協力関係を結ぶことができます。また、ベトナムの経済は向上しており、人材に恵まれています。ベトナムと日本が協力することで、両国の発展が期待できる「ウィン - ウィン」の関係になります。

会社情報	
社名（英語）	：IDEA TECHNOLOGY JOINT STOCK COMPANY
代表者名（英語）	：Mr. HOANG TRUNG
従業員数	：単体 225 人、提携含め 395 人
授権資本金	：250.000 US＄
設立	：2010 年
本社住所（英語）	：16 Binh Loi Street, Ward 13, Binh Thanh Distrivt, HCM City
電話番号	：028 3601 6379
ファックス	：——
URL	：http://www.ideadtech-vn.com/
E-Mail	：info@ideatech-vn.com

デザイン、建設分野で受賞を重ねる

ARCHITECTS & CONSTRUCTION SERVICE CORPORATION (ACSC) は 1976 年に設立された、デザインの業務請負、工場の開設、不動産と商売にたずさわる会社である。弊社自慢の強力な人材力を駆使し、工業団地での工場から民間病院、学校、アミューズメントまで手がける。弊社はベトナムの発展に貢献し、政府から多くの賞やメダルを受け取った。1995 年から日本人と一緒に働いた経験により、弊社は主にデザインと建設分野で日本の興行会社との協力を希望している。

弊社の発展過程

弊社は 1976 年に設立された、デザインの業務請負、工場の開設、不動産と商売等にたずさわる会社です。弊社は元々産業貿易省に所属した会社でした。40 年間、ベトナム全国でたくさんの工場のデザインと開設を担当していました。工場開設に関して、弊社は業務請負として高い評価を得ていました。1994 年から、ホーチミン市の Tan Thuan 工業団地と Linh Trung 工業団地における日本や台湾などの外商投資プロジェクト（FDI）に参加し始め、営業範囲も徐々に広がっていきました。

2004 年から産業貿易省の決定で株式会社となり、定款資本は政府が 30 ％を保有しました。2008 年に政府を離れて、企業法による会社となりました。顧客のあらゆる要望に応じる努

力をし、今やこの分野でトップの会社になりました。

弊社の自慢は強力な人材力です。弊社は経験を積み、深い専門知識を持つ技術者を多く抱えています。工業団地での工場から民間病院、学校、アミューズメントまで手がけています。

現在、弊社はデザインと建設の管理にBIM（Building Information Modeling）を利用しています。それは経済的で、進度も保証できます。弊社はベトナムの発展に貢献したので、政府から多くの賞やメダルを受賞しました。たとえば、2006年1月19日、弊社はベトナム大統領から労働英雄賞をいただきました。2007年-2011年にかけて、ベトナムトップ500社に入りました。2013年2月28日にはベトナム総建設協会から優秀賞をいただきました。2015年3月12日には、ベトナムビジネスマン文化協会からカルチャー企業賞をいただきました。

「もっといい方法を考える」：品質とサービスで顧客に応える

品質とサービスで顧客のご要望に応えることができるように、弊社は最新技術を用いてサービスを提供しています。40年間、弊社の変わらないスローガンは「もっといい方法を考える」です。常に向上心をもって取り組んでいます。

建設業において、ベトナムトップの会社になることが目標です。その目標に向かって、弊社は人材の訓練や、労働の能率を高める活動をしています。

デザインと建設分野で日本企業との協力を希望

　弊社は日本企業と協力して、Striving method（セラミックタイル）を使い、仕事の進度を改善しました。1995 年から弊社は FUJITA, TAISEI, OBAYASHI, KAJIMA, DAIWAHOUSE 等、日本企業の業務請負の会社と協力した経験があります。弊社は日本の興行会社、主にデザインと建設分野で日本企業との協力を希望しています。

会社情報	
社名（英語）	：ARCHITECTS & CONSTRUCTION SERVICE CORPORATION（ACSC）
代表者名（英語）	：Mr. DINH VIET DUY – GENERAL DIRECTOR
従業員数	：150 人
授権資本金	：40 ty VNĐ
設立	：1976 年
本社住所（英語）	：No.36 Ung Van Khiem street, Ward 25, Binh Thanh District, Ho Chi Minh City, Viet Nam
電話番号	：(+84-028) 38994461
ファックス	：(+84-028) 38990246
URL	：http://www.acsc.com.vn/
E-Mail	：info@acsc.com.vn

社名：Huni System Co.,LTD

人材派遣、製品・市場調査、投資アドバイス等を通じて、日本とベトナムの
文化と経済協力関係を推進

Huni System Co.,LTD は 2014 年に設立された、日本企業に人材派遣、製品・市場調査、プロジェクト計画調査、投資計画作成、ベトナム市場への投資顧問等のサービスを提供する会社である。弊社は、日本とベトナム両国の人材交流に関して、長期的な協力を促進し、両国の企業にキャリアサポートや人材育成を目的としている。ベトナム経済とパートナー企業の発展に効果的に貢献するために、弊社は日本企業との協力を希望している。

人材派遣、製品・市場調査、プロジェクト計画調査、投資計画作成、ベトナムの国内市場調査と投資アドバイスに強い会社

　弊社は、日本企業に人材派遣、製品・市場調査、プロジェクト計画調査、投資計画作成、ベトナム市場への投資顧問等のサービスを提供する会社です。現在、日本は人手不足ですが、ベトナムは豊富な人材を提供できます。ベトナムでは儒教思想が根付いているので、日本人の考え方も理解しやすい面があります。弊社は、日本とベトナム両国の人材交流に関して、長期的な協力を促進し、両国の企業にキャリアサポートや人材育成を目的としています。

　弊社はベトナム人に日本での適当な就労先を紹介しています。日本での就労を希望する人は、トレーニングを見学したり、希望を伝えたり、キャリアパスのアドバイスを受けることができます。より実践的な斡旋を行うために、弊社は権威ある日本語教育センターおよび日本とベトナムの大学と連携しています。そうすることで、高い能力をもった人を派遣することができ、就労希望者の情報を迅速に、広範囲に流布することができます。そのため、弊社の利用者は、迅速に就労する人が増えています。日本企業にとけこめるように、就労希望者は、日本語の学習だけではなく、日本文化の基礎知識も身に着ける必要があります。そのために、弊社では、就労

希望者に日本で通用するマナーや文化などを教育するコースをオープンする予定です。他の人材派遣会社にはない、ユニークな制度です。

　また、弊社は、ソフトウエア、農産物、小売業の貿易トレンドだけではなく、ベトナム国内市場にも精通しています。ベトナムの市場調査や投資顧問サービスも提供しています。

「顧客の成功が弊社の成功」というモットーの下、単なる人材派遣ではなく、日本での就労希望者に長期的キャリアパスを提供

「顧客の成功が弊社の成功」が弊社のモットーです。じっと待っているだけでは成功することはできず、自ら努力して行動を起こすことが成功に通じるものです。

　就労希望者にとって、企業ブランドは重要です。企業ブランドを確立し、就労希望者がその企業でどのような貢献をすれば成功するのかが明確であれば、とても魅力的な企業になります。就労希望者にとって、弊社は単なる企業との橋渡しではありません。就労希望者に迅速に、確実に、優れた制度と労働環境の整った企業を紹介することが弊社の使命です。就労希望者に長期的キャリアパスを提供したいと考えています。弊社は、両国の貿易を促進する役割を担い、文化交流や経済パートナシップの強化で、相互発展できるように貢献したいと考えております。

　弊社は、ベトナムで日本語を勉強している人に日本文化を体験する機会や日本でのキャリアパスを提供します。そのためには、日本語教育を充実させ、高度な日本語運用能力をもつ人材を輩出したいと思います。さらに、日本語だけではなく、日本のビジネスマナーも身につけた人材育成に取り組みたいと思います。また、日本への留学ビジネスも計画しています。両

国の学生が文化交流等を通じて、双方の国の文化を学びあう機会を提供したいと思います。

さまざまな分野で日本企業とのネットワークを拡大し、ベトナム経済とパートナー企業の発展に効果的に貢献

　弊社は、以下のような分野で日本企業とのネットワークを拡大したいと希望しています。①情報技術、②機械・電気・電子・自動化、③実習生や研修生の派遣、④ベトナム市場を検討している投資家、⑤日本語を教える大学などです。

　日本の企業が成功した秘訣は人事戦略です。しかし、外国人労働者を雇用する際は少し勝手が異なり、さまざまな課題に直面することとなります。そのような困難な課題を乗り越える際に、弊社をご利用下さい。両国の貿易促進によって、両国の文化と経済協力関係も推進することになります。弊社は、日本企業と協力することで、ベトナム経済とパートナー企業の発展に効果的に貢献したいと考えています。

会社情報	
社名（英語）	: Huni System Co.,LTD
代表者名（英語）	: Ly Nguyen
従業員数	: 10-25 人
授権資本金	: 90.000.000 VND
設立	: 2014 年
本社住所（英語）	: 27B, 3 alley, 198 lane, Le Trong Tan street, Khuong Mai　Ward, Thanh Xuan District, Ha Noi, Viet Nam
電話番号	: + 84 4 6686 8420
ファックス	: ──
URL	: http://huni-search.vn/
E-Mail	: info@huni-search.vn

社名：**Kokuen Tenko Information Co.,LTD**

J-job と J-school の組み合わせで効率的人材紹介カウンセリング

Kokuen Tenko Information Co.,LTD は 2011 年に設立された、人材紹介カウンセリングを取り扱う会社である。広大なネットワークを活用し、地方の人材マーケットも把握し、日本企業の人材ニーズに迅速に対応。J-school も同時に運用し、情報提供・紹介だけではなく、人材育成にも力を入れている。製造業・技術・IT・人材育成分野の日本企業との協力を希望している。

J-jobとJ-schoolを組み合わせることで、企業の雇用要請に対応

　弊社は 2011 年に人材紹介カウンセリングを取り扱う会社として設立されました。当時、日本企業が徐々にベトナムに進出し、技術関連の企業がたくさんありました。当時、この業界では人材紹介カウンセリングがなかったので、10 人以下で弊社を立ち上げました。そして、J-job という日本語人材ネットワークを構築しました。日本とベトナムの架け橋となり、企業を支援し、ベトナム人の人材育成をするという仕事です。社会の需要を応じて高い能力をもった人材を育てました。

　弊社の長所は地方の人材マーケットも把握できることです。J-job は 100 ％ベトナム資本なので、地方の事情や業界の特徴が分かりま
す。企業と直接相談

できるように、弊
社は業界に応じた
経験豊かな採用カ
ウンセラーを有し
ています。特に
IT や BSE では募
集が多く、人材不
足です。J-job も
努力し、毎月 3 〜
5 人程度採用し、

ベトナムか日本の企業に紹介します。N3 がある機械製造エンジニア等の
新しい分野では、日本のニーズが次第に高まっています。2014 年に J-job
によって 20 人の就職が決まりました。

J-job は広大なネットワークで、対応が迅速です。3 年間の運営で、
J-job には 10 万人の登録を達成しました（70％は日本語人材）。応募者の
対応も迅速になり、顧客のニーズを満たします。弊社も応募者に連絡がと
りやすいものです。弊社は J-job を通じて、顧客と応募者の架け橋となっ
ています。

弊社は J-job と同時に J-school も運営しています。そこでは日本語講座
や BrSE の講座やソフトウェアの操作法講座等を開設しています。J-job
と J-school を組み合わせることで、企業の雇用要請に対応しています。

効果的人材カウンセリング・ネットワークの発展で、
日本企業におけるベトナム人雇用の促進

弊社は日本企業とベトナム人の架け橋となり、両国の更なる発展に貢献
したいと思います。特に、日本での就労を希望するベトナム人エンジニア
の雇用を促進したいと思います。

弊社は効果的な人材カウンセリングのネットワークを発展させ、顧客か
らも応募者からも信頼してもらえるような存在になることを目標にしてい

ます。多くの募集がある場合、迅速に日本企業が求める最適の人材を紹介することが最も重要なことです。

製造業・技術・ＩＴ・人材育成分野やベトナムへの投資を検討している日本企業との協力を希望

　弊社は、以下のような分野の日本企業との関係構築を希望しています。①日本語運用能力の高い人材や日本での就労を希望する人材を求めている、製造業・技術・IT 分野、②ベトナムへの投資を検討している日本企業、③人材育成に関心のある日本企業。

会社情報

社名（英語）	: Kokuen Tenko Information Co.,LTD
代表者名（英語）	: Nguyen Thi Huyen
従業員数	: 10 〜 25 人
授権資本金	: 100.000.000 VND
設立	: 2011 年
本社住所（英語）	: 3F, Dai Phat Building, 82 Lane Duy Tan, Cau Giay Dist, Hanoi, Vietnam
電話番号	: 04 – 6328 3156
ファックス	: ——
URL	: http://j-job.com.vn
E-Mail	: contact@j-job.com.vn

ベトナム市場参入の際の法務サービス提供

> AHOA LAW OFFICE は 2003 年に設立された、経営・投資コンサルティング
> サービスと知的財産の確立と保護のサービスを提供する会社である。弊社は法律
> コンサルティング・産業所有権・知的財産所有権保護の分野では国内外で高く評
> 価されている。顧客とウィン - ウィンの関係構築が弊社の経営理念である。ベト
> ナム市場参入企業に対する法務サービス面で日本企業との協力を希望している。

経営・投資コンサルティングと知的財産権に関する法務サービス提供

　弊社は 2003 年に設立された、経営・投資コンサルティングサービスと知的財産の確立と保護のサービスを提供する会社です。2003 年、"AMBYS SAIGON" に基づいて知的財産所有権の分野で 20 年の経験がある Nguyen Minh Huong 弁護士によって設立され、2008 年 5 月に AHOA LAW という社名になりました。

　弊社は、法律コンサルティング・産業所有権・知的財産所有権保護の分野では高く評価されています。また、投資・経営コンサルティングの分野では、ベトナム、アメリカ、ラオス、カンボジアに対する投資プロジェク

トに投資許可取得手続きサービスを提供しています。弊社社長は国内外の企業、特に在ベトナム日本企業の知的財産に関する要望に応じることができます。

　これまでに、HONDA（バイク部品）、PANASONIC（電子品）、BMW（自動車部品）、P&G（化粧品）、REACT, ソフトウェア企業協会、LEVI'S, PUMA, NIKE（スポーツウェア）等の企業に偽造防止プロジェクトを実施致しました。税関総局・経済警察局・市場管理局に知的財産保護と本物・偽物分別トレーニングも実施致しました。

「共に成功」でウィン-ウィンの関係構築

　弊社の経営理念は「共に成功」の実現です。つまり、顧客の成功が弊社の成功です。弊社の水準は高く、顧客だけでなく国家機関・国際機関・ベトナム在各国領事館からも高い評価を得ています。国内だけでなくカンボジア・中国・日本への事業拡大も視野に入れています。

　弊社の目標は、知的財産所有権のコンサルティングサービスを提供するプロ集団になることです。専門知識を駆使し、どのような状況でも顧客の利益になる対応をしたいと思います。

　知的所有権の分野では、工業デザイン・商標・特許・著作権登録などの工業所有権登録サービスから、知的財産所有権の障害、不正競争行為についてのコンサルティング、証拠収集、訴訟まで行っています。また、企業や国家機関に対して、ベトナムの知的財産所有権に関するセミナーや研修を行うサービスも提供しています。弊社はベトナムでの生産・経営・商売に関する支援を行っています。

ベトナム市場参入企業に対する法務サービスで日本企業との協力希望

　弊社は以下の分野で日本企業との協力を希望しています。（1）日本企業のベトナム投資プロジェクトに関するコンサルティング、（2）日本企業にベトナムでの会社設立・経営登録支援、（3）日本企業の商品をベトナムで流通させる手続き支援、（4）知的財産所有権確立・知的財産所有

権保護・偽造品生産・経営行為に対処するサービスを在ベトナム日本企業に提供、等です。日本企業に対して、弊社はあらゆる法務サービスを提供致します。弊社は高水準の専門知識を駆使し、多くの企業を支援しています。

　現在ベトナムに投資している企業および投資予定のある企業にとって、知的財産所有権保護は必須事項です。これは企業の発展に直接影響をおよぼすことに注意しなければなりません。また、ビジネスに関するベトナム政府の政策が頻繁に変更されるので、最新情報をキャッチすることは極めて重要です。ベトナム市場に参入する日本企業に対し、弊社は万全の支援を行います。

会社情報

社名（英語）	：AHOA LAW OFFICE
代表者名（英語）	：Mrs. NGUYEN MINH HUONG
従業員数	：30 人
授権資本金	：96.000 USD
設立	：2003 年
本社住所（英語）	：181/3 Cach Mang Thang Tam Str., Dist. 3, Ho Chi Minh City, Vietnam
電話番号	：84-028-38328 230/38328 231
ファックス	：84-028-38328 229
URL	：http://www.ahoa.com.vn/
E-Mail	：ahoa@ahoa.com.vn

和Ahoa
Your Success Is Ours

クロスボーダー案件にも対応可能な国際派弁護士事務所

Rajah and Tann LCT Lawyers は 2006 年に設立された、あらゆる法務分野に関する対応（企業法務、M&A、紛争解決等）、銀行法務・ファイナンス法務、競争法、建築関連法務、雇用法務、エネルギー・資源関連、エンターテイメント、家族法・信託法務、保険法務、規制法務、知的財産、医療関連法、M&A、不動産関連、倒産・事業再生法務・スポーツ法務、租税法務、ホワイトカラー犯罪対応等）を行う会社である。当事務所はアセアン各国に拠点を有する Rajah and Tann グループに所属しているだけでなく、英国、日本、韓国等の各国の弁護士と友好関係を構築し、クロスボーダー案件にも対応できる体制を構築している。日本企業に対して、あらゆる法務サービスを提供する。

クロスボーダー案件にも対応できる弁護士事務所

弊社は 2006 年に設立された、あらゆる法務分野に関する対応（企業法務、M&A、紛争解決等）、銀行法務・ファイナンス法務、競争法、建築関連法務、雇用法務、エネルギー・資源関連、エンターテイメント、家族法・信託法務、保険法務、規制法務、知的財産、医療関連法、M&A、不動産関連、倒産・事業再生法務・スポーツ法務、租税法務、ホワイトカラー犯罪対応等）を行う会社です。

当事務所はもともと、LCT Lawyers という名称で、2006 年に 2 人で設立しました。当事務所は、まず何よりも依頼者の利益を第一にする法律事務所にしようという理念を掲げました。

その後、順調に事務所は大きくなり、2014 年には、

アセアン各国に拠点を有する Rajah and Tann グループの一員となりました。その際、LCT Lawyers から Rajah and Tann LCT Lawyers に名称変更しました。また、当事務所は、Rajah and Tann グループ以外にも、英国、日本、韓国等の各国の弁護士と友好関係を構築し、クロスボーダー案件にも対応できる体制を構築しています。このような経緯を経て、順調に規模が拡大し、現在、合計 40 名を超える経験豊富な専門家を抱えるに至っています。当事務所は、ホーチミン市とハノイに事務所があり、アセアンを含む各国の法律事務所と友好関係を維持しており、国内外で多数の依頼者から高い評価を得ています。

当事務所の長所は、ベトナム法務に関し、深い知識と豊富な経験に裏打ちされた専門家集団だという点です。難易度の高い事件を解決できると、International Finance Law Review 1000、Chambers Global、Asia Pacific Legal 500、Asia Law Profile 等から高い評価を得ております。

さらに、当事務所は豊富な国際法務経験があります。当事務所はアセアン各国に拠点を有する Rajah and Tann グループに所属しているだけでなく、各国の法律事務所と積極的に交流し、協力関係を築くことで、クロスボーダー案件にも対応できる体制を整えています。この国際ネットワークを通じて提供する国際的なリーガルサービスに関して、国内外の依頼者から高い支持を得ております。

依頼者利益第一主義の貫徹

当事務所はもともと、依頼者の利益を第一に考える法律事務所にしようという理念をかかげており、現在も、当事務所のメンバー全員で、この理念を共有しています。

当事務所は、常に一流をめざし、不断の努力を重ねています。特に、国内の依頼者だけでなく、海外の依頼者とも永続的な関係を構築できることを目指しています。また、常に効率的・効果的なサービスを提供できるように、専門性の研鑽を積むとともに、作業環境の効率化を目指します。

あらゆる法務関係で日本企業を支援

日本企業に対して、法律分野でのサポートを提供致します。どのような分野の法務にも対応可能です。当事務所のチームは、現地の弁護士・専門家によって構成されていますので、各人が直接、責任をもって回答を差し上げます。現地専門家は、高い能力と豊富な経験に裏打ちされたアドバイスを提供致します。また、クロスボーダー案件にも各国の弁護士と協力して対応する体制が整っています。実際、当事務所では日本をはじめとして多くの国外企業からの依頼を受けており、日系企業の文化・慣習に対しての理解も深いものと自負しております。

会社情報

社名（英語）	: Rajah and Tann LCT Lawyers
代表者名（英語）	: Mr. Chau HuyQuang& Ms. Vu Thi Que
従業員数	: 42 人
授権資本金	: 350.000 USD
設立	: 2006 年
本社住所（英語）	: Saigon Centre, Level 13, Unit 2&3, 65 Le Loi Blvd., Dist. 1, HCMC, Vietnam
電話番号	: (+84) 028 3821 2382
ファックス	: (+84) 028 3520 8206
URL	: http://vn.rajahtannasia.com/
E-Mail	: quang.chau@rajahtannlct.com;　que.vu@rajahtannlct.com

RAJAH & TANN ASIA

LAWYERS
WHO
KNOW
ASIA

社名：**VACO Auditing Company Limited**

５大経営理念で監査分野のトップカンパニーをめざす

VACO Auditing Company Limited は 1991 年に設立された、監査・財務カウンセラー・計算・税務に携わる監査会社である。現在、財務諸表サービス、税務・財務カウンセリング、リスク管理などで強みを発揮している。今後は、特に日本と韓国の顧客の要望に応えながら、サービスの多様化を図り、ベトナムのリーディングカンパニーをめざす。その目標の成就のためにも、日本企業との協力を希望している。

VACOブランドに恥じない、税務や税関に関する深い専門知識を持ち、最新情報を迅速に顧客に伝達

弊社は 2008 年 5 月に設立された監査会社です。現在、ベトナムでトップレベルの監査会社で、監査、ファイナンシャルカウンセリング、税務、人材育成等のサービスを提供致します。

弊社は元々 1991 年に財政省が設立した二つの監査会社の一つ（ベトナム監査会社）でした。弊社は現在、ハノイ、ホーチミン、ハイフォンに三

つの支店を出店しています。毎年、財務省と国家証券委員会から依頼を受け、さまざまな法人の監査を行います。

　弊社設立当時、ベトナムでは監査という概念はまだ普及しておらず、監査要望は少なく、法的枠組みは欠如し、監査未経験の従業員もいました。しかし、20年を経て、ベトナムにおける監査の発展に伴い、弊社は監査業務で顧客から高い評価を得ています。現在も、監査の要望に対して国際レベルの人材が少ないのが実情です。これは弊社だけではなく、ベトナム監査業界全体が抱えている問題です。

　監査業界でVACOブランドはすでに確立しています。弊社は、従業員の専門性を高める研修を行っています。弊社の従業員が国内外の有名大学や諸機関等で訓練を受ける機会も多くあります。そのような経験を経て、弊社の従業員の専門能力が高まり、豊富な実務経験を身につけ、監査や経済の深い知識を得るようになります。その他、高度の知識が必要なカウンセリングも行うことができます。

　弊社は顧客との連絡を密にしています。顧客に監査や法律、特に税務や税関に関する最新情報を迅速に提供致します。さらに、弊社は顧客の質問にも即応できる体制を敷いています。このようにして、顧客の費用を節約し、顧客のニーズに応えています。

　財務諸表に関しては正確な情報を確認し、顧客が計算や社内管理システム等を改善出来るように、弊社は追加付加サービスも提供致します。

5大経営理念でトップをめざせ

　弊社の5大経営理念は専門性、約束遵守、共有、顧客の要望以上のサービス提供、職業威信の維持です。弊社は、気軽に働き、従業員が実力を発揮できる労働環境を整備しています。弊社はベトナムでトップの監査会社になるという目標を掲げています。

　現在、財務諸表サービス、税務・財務カウンセリング、リスク管理などの分野が弊社の強みです。

　顧客、特に日本と韓国の顧客の要望に応えることができるように、従業

員の能力を高めます。サービスの多様化を図り、ベトナムのリーディングカンパニーをめざしています。

専門性を高める労働環境を構築し、維持します。従業員が自分を磨くことができ、弊社にとってもプラスになるような環境を作りたいと思います。

貴社の成功は弊社の成功

弊社の実戦的な経験は、日本企業の要望に適合しています。今後も、弊社は日本企業中心に事業を進めていきます。特に以下の4分野のサービスを中心にして提供致します。①財務諸表の監査②税務カウンセリング③計算サービス④協定締結社との取引額確定サービスです。弊社は日本商工会を通して税務セミナーや税関手続きセミナーなどを行っており、日本企業のパートナーを探しています。

弊社のスローガンは「親切・客観性・独立」です。監査サービス提供において独自性を発揮し、顧客に高品質なサービスを提供致します。貴社の成功は弊社の成功です。

会社情報

社名（英語）	：VACO Auditing Company Limited
代表者名（英語）	：Bui Van Ngoc
従業員数	：136人
授権資本金	：10.000.000.000 VND
設立	：1991年
本社住所（英語）	：No.168 Lang Road, Thinh Quang Ward, Dong Da District, Hanoi, Viet Nam
電話番号	：(84-4) 3 577 0781
ファックス	：(84-4) 3 577 0781
URL	：https://www.vaco.com.vn/
E-Mail	：vacohn@vaco.com.vn

未来志向で、全社一丸となって躍進

MH VIETNAM INVESTMENT PROMOTION JOINT STOCK COMPANY は 2014 年に設立された、財務投資・管理カウンセリング、就職カウンセリング、人材紹介、教育支援、外国語教育等に携わる会社である。情熱と経験を有する管理職と若くて熱心な従業員が一致団結して問題解決。未来志向で、弊社独自のブランド確立を目指す。取扱い分野で、日系企業との連携を希望している。

「団結は力なり」

弊社は好景気に沸く 2014 年に設立され、財務投資・管理カウンセリング、就職カウンセリング、人材紹介、教育支援、外国語教育等に携わる会社です。それまでの不景気の影響で、当時ベトナムには失業者が多く、専門的知識を持っている労働者が欠如し、労働者全体の能力も低いままでした。ベトナムの人件費は安いのですが、海外からの投資が少なかったのが実情です。このような諸問題に対処しようとして設立されたのが弊社です。設立当初は、労働者研修、講師の教育、ライバル会社との競争、海外パートナーへの説得等さまざまな困難に直面しましたが、不断の努力により、ひとつひとつ問題を解決していきました。

弊社の強みは情熱を持ち豊富な経験を有する管理職と若くて熱心な従業員が大勢いることです。給与・ボーナス体系を明確にしています。管理職・従業員が一丸となって仕事に取組み、よく反省会も行います。当初、財政事情により、昇給を断って管理

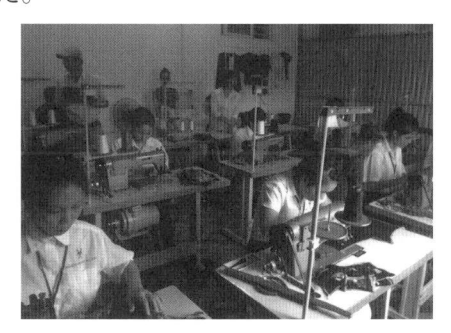

職と一緒に会社の発展に尽力した従業員もいます。

　従業員とその家族は弊社にとってとても大切です。弊社はお正月のプレゼントや正月支給を従業員だけではなく、その家族にも贈ります。従業員に適切な研修を受けてもらい、常に従業員を支援しています。海外滞在中の従業員にも定期的に連絡をとっています。「団結は力なり。」全社一丸となって取り組みます。

「未来志向」という弊社のモットーの下、弊社独自のブランド確立を目指す

　弊社のモットーは「未来志向」です。将来を見据えて、専門知識を高めるように、従業員の研修を重視しています。仕事に責任を持ち、ベトナムの発展に貢献して社会で尊敬されるような会社になり、従業員が弊社で働くことに誇りを持つような企業になることが目標です。そのためにも、弊社独自のブランドを確立させ、管理スキルを高めることが必要です。さらに、従業員の外国語運用能力を高め、海外の企業との連携を考えています。

管理・就職カウンセリング、教育支援等で日本企業との連携希望

　弊社が取り扱う財務投資・管理カウンセリング、就職カウンセリング、人材紹介、教育支援、外国語教育等の分野で日本企業との連携を希望しています。日本企業の要望に応えられるよう、益々弊社の改善に取り組みます。

会社情報	
社名（英語）	：MH VIETNAM INVESTMENT PROMOTION JOINT STOCK COMPANY
代表者名（英語）	：DAO QUANG MINH
従業員数	：62 人
授権資本金	：6.000.000.000 VND
設立	：2014 年
本社住所（英語）	：213 Nguyen Ngoc Nai St, Khuong Mai Ward, Thanh Xuan Dist, Hanoi, Viet Nam
電話番号	：04-7300 1818
ファックス	：04-6282 4268
URL	：http://www.mh-hr.com.vn
E-Mail	：dqminh83.vci@gmail.com

社名：**Expertrans Global Joint Stock Company**

「成功の架け橋」によるビジネスの円滑化

Expertrans Global Joint Stock Company は 2005 年に設立された、翻訳、通訳、声優、人材紹介等にたずさわる会社である。弊社は言語サービス分野におけるトップカンパニーで、従業員 100 人、コラボレーター 3,000 人体制で、顧客からの大規模案件でも対応できる。さらに成長を目指し、2020 年までに言語サービス提供分野でトップ 50 に入り、世界に 20 支店を設立するのが目標である。日越関係のさらなる発展のために、日本企業との協力を希望している。

言語サービス分野のトップの会社

　弊社は 2005 年に設立された、翻訳、通訳、声優、人材紹介等にたずさわる会社です。ホーチミンとハノイにオフィスがあり、日本・アメリカ・シンガポールにも支店があります。弊社は言語サービス（翻訳・通訳、声優）を提供します。主な分野はアジア系の言語です。設立当初、翻訳・通訳への投資がまだ重視されませんでした。しかし、この業界の潜在性を見通した上で、Louis Dinh がこの会社を作りました。当初、会社名は CNN でした。

　設立当初、従業員は 2 人でスタートしましたが、現

在、弊社は言語サービス分野でトップの会社となりました。弊社はベトナム国内だけでなく多くの国にオフィスを設けています。従業員 100 人、コラボレーター 3,000 人体制で、顧客からの大規模案件でも対応できるようになりました。

弊社は、ATA（アメリカ帆翻訳組織）、AATI（アジア翻訳協会）、ELIA（ヨーロッパ—翻訳協会）等の翻訳・通訳に関する組織に参加し、常に向上心をもって取り組んでいます。

弊社の特徴は伝統とモダンを組み合わせ、短期納品ができることです。弊社の品質管理は毎年チェックし、BSI から ISO9001-2008 指数を獲得しています。経験豊富な 50 人の従業員が活躍しており、Trados や Wordfast などのアプリをアップデートし、99％の正確度をお約束いたします。それ以外にも、セキュリティを向上するため、Translation Memory System, Perfect Translation, Term-base server Dictionary 等のアプリを、翻訳にもっと効果的が出るように改善しています。カスタマーサービスも重視しています。24 時間体制で顧客の質問に対応しています。

5つの経営理念、3つの目標、4つの2016-2020戦略

弊社には 5 つの経営理念があります。（1）高品質の維持、（2）顧客最優先のサービス、（3）人材育成の重視、（4）プロフェッショナル化、（5）弊社モデルの確立です。これらの経営理念を基に、3 つの目標をたてています。（A）会社を成長させる、（B）Fortune1000 の戦略パートナーになる、（C）2020 年までに言語サービス提供分野でトップ 50 に入り、世界に 20 支店を設立することです。

2016 年 -2020 年の戦略としては、①言語サービス提供分野でトップ 50 に入ること、②職員を 500 人に増員すること、③コラボレーターを 10000 人に増員すること、④世界で 20 個のオフィスを設立することです。弊社は「成功の架け橋」というスローガンの下、各会社のパートナーになり、言語という壁を乗り越えて、ビジネスが円滑に進むようなサービスを提供致します。さらに、弊社の規模を大きくする予定です。

日越関係の発展のために

　現在、多くの分野で日本とベトナムの関係が強くなっています。両国の関係をさらに発展させるために、翻訳・通訳の必要性が高まっています。一番需要が多いのは開設・財政・法律の会社と生産の会社です。そして、新しくできる小さな会社にも日本語の堪能な人を紹介するサービスも提供致します。ベトナムだけではなく、世界中で日本企業のパートナーになりたいと思います。弊社は、高品質なサービスを提供致します。顧客のご要望により、いろいろなサービスを準備し、お届け致します。

　日本企業との長期的なパートナーシップを目指していますので、費用を抑え、高品質のサービス提供をお約束致します。言語だけでなく、文化も分かる従業員が顧客のあらゆるご要望にお応え致します。

会社情報

社名（英語）	：Expertrans Global Joint Stock Company
代表者名（英語）	：Louis Dinh
従業員数	：100 人
授権資本金	：20.000.000.000 VNĐ
設立	：2005 年
本社住所（英語）	：No. 62, Lane 19, Tran Quang Dieu St., Dong Da Dist., Hanoi, Vietnam
電話番号	：(+84) 024 7303 8899
ファックス	：(+84) 024 62 85 8446
URL	：http://www.expertrans.com/
E-Mail	：sales@expertrans.com

EXPERTRANS
BRIDGING SUCCESS

社名：Minh Phuc Co., Ltd（MPTelecom）

コンタクトセンターサービス業界の最大手サプライヤー

Minh Phuc Co., Ltd（MPTelecom）は2002年に設立された、コールセンター運営、管理、企画、開発、ビジネスプロセスアウトソーシング（データ処理及び加工、経理関連サービス、人材紹介・人材派遣サービス、翻訳・通訳、ウェブ・ソフト開発、デザイン制作）、ウェブおよびモバイルの付加価値サービスを提供する会社である。顧客対応サービスを主事業とする国内最初の企業となる。ベトナム国内のコンタクトセンター業界で初めて消費者窓口対応サービスにおけるISO9001:2008認証を取得。コンタクトセンターサービス業界の最大手サプライヤーとなる。国際化に向け、日本企業とのパートナーシップの拡大・強化を希望している。

ベトナム初の顧客対応サービス企業

弊社は2002年7月に設立され、BPOサービスおよびコールセンター等の消費者窓口対応サービスをベトナムで初めて開始した会社です。主な業務として、コールセンター運営、管理、企画、開発、ビジネスプロセスアウトソーシング（データ処理及び加工、経理関連サービス、人材紹介・人材派遣サービス、翻訳・通訳、ウェブ・ソフト開発、デザイン制作）、ウェブおよびモバイルの付加価値サービスを提供しています。

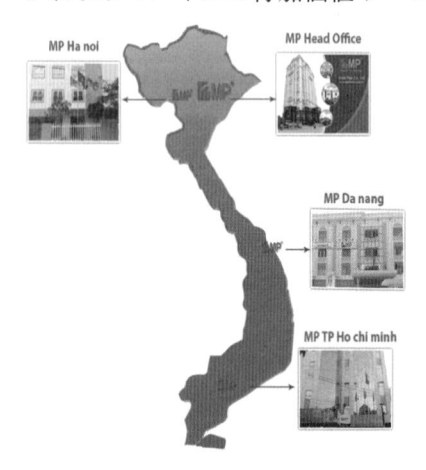

設立後、弊社は事業拡大と共にサービスクオリティ向上にも取り組み現在、北部ハノイ、中部ダナン、南部ホーチミンに拠点を構え合計2000人以上のスタッフを有するまでに成長しました。

ベトナムでは、最先端の技術の導入に加え、2000年前半からベトナム市場は世界的に注目されるようになり、各業種において企業間競争が激化しました。各企業はマーケットシェアを高

めるため顧客対応サービス力が大きな要素となると理解しつつも、国内に
こうしたサービスを提供する事業者は存在しませんでした。そこで弊社は、
その必要性に応じ、コンタクトセンターをはじめとする顧客対応サービス
を主事業とする国内最初の企業となりました。

消費者窓口対応サービスにおいて ISO9001:2008 認証を取得し、ベトナ
ム国内のコンタクトセンター業界では初の快挙でした。

取引先には Viettel や VMS-Mobiphone、Vinaphone、Prudential、
Sharp、Panasonic、Sony 等、国内外の大手企業です。弊社の豊富な経験
を活かし、各プロジェックトで質の高い丁寧なサービスを提供しています。

コンタクトセンターサービス業界の最大手サプライヤー

弊社は顧客対応サービスの分野でベトナムのパイオニア企業ですが、創
業当初は、顧客自体が当該事業のサービスや概念を理解していない時期が
続き、弊社の営業は苦労の連続でした。情報技術分野でも、ベトナム企業
の躍進が始まっていましたが、まだ環境は不十分で、消費者の要求も少な
く、自社で概ね解決できるものでした。

設立以来スタッフ一丸の努力が実を結び、弊社は 2013 年には国内トッ
プ 100 の優良企業にこの業界内で唯一選ばれました。また、ベトナムＩＴ
サービス・ソフトウェア協会（VINASA）が、弊社の貢献度を評価し、
表彰して下さいました。ISO/IEC 27001：2005（インフォメーション管理
システム）認証も 2014 年 5 月に取得しました。

大手企業との実績を弾みにし、2013 年、弊社は業界シェア 38％を達成し、
コンタクトセンターサービス業界の最大手サプライヤーとなりました。
「成功は、尊敬から」というモットーの下、弊社が重視する 5 大要素を結
合し、市場での地位を不動のものにしています。その 5 大要素とは、①意
思の尊重、②規律の遵守、③万事におけるイニシアティブ重視、④スタッ
フのスキルアップ、⑤最先端技術の導入です。顧客に価値を示し、実績を
残すことで、弊社は新規顧客の開拓に乗り出しています。

ベトナムでは労働人口は豊富であり人件費の優位性もあります。弊社は

国内のコンタクトセンター事業を継続しながら、BPO 事業もさらに強化する考えです。将来的には世界市場に進出したいと考えています。コンタクトセンター事業の実績を武器に顧客のニーズを的確に把握し、そのニーズに対応するサービスを提供できることが弊社の強みです。

　弊社は常に市場に新しい発想や価値を提供し、顧客に感動体験を与え、信頼を得てきました。顧客だけでなくパートナー、株主、スタッフにおいても同様です。今後は、国内で営業体制をより一層強化し、顧客を何より大切にするという企業イメージを創出します。

人材教育の重視により日系企業のニーズも満足させるサービスを実現

　現在、弊社は経理業務のアウトソーシングも開始し、財務・人事における給与計算等、日系企業はじめとする各企業の費用削減に貢献しています。顧客の求めるスキルにふさわしいスタッフを育成するため、弊社では人材教育を重視しています。日本語対応が可能なスタッフチームを配備し、日本の商文化の理解もあるため、日系企業の大きなプロジェクトにおいても、そのニーズを満たすサービスを提供できると自負しております。弊社は、日本への営業とセキュリティを扱う事業に有益なものとして、ISO 27000 認証を取得しました。今後も、国際化に向け、日本企業とのパートナーシップを拡大・強化させたいと願っています。

会社情報	
社名（英語）	: Minh Phuc Co., Ltd （MPTelecom）
代表者名（英語）	: Nguyen Viet Trung
従業員数	: 2,000 人
授権資本金	: 2 億 2,500 万円
設立	: 2002 年 7 月
本社住所（英語）	: 10th Floor, Sudico Building, My Dinh 1 Ward, Nam Tu Liem Dist, Hanoi, Vietnam
電話番号	: +84-5113-945677
ファックス	: +84-5113-945679
URL	: http://www.mptelecom.com.vn/
E-Mail	: info@mptelecom.com.vn

社名：Cong ty TNHH MTV TM-DV Mam Truc (Tanabata)

ベトナムで癒しを求めて

Cong ty TNHH MTV TM-DV Mam Truc (Tanabata) は 2013 年に設立された、レストラン、エンターテイメント、小売にたずさわる会社である。日本人専用で、お洒落な雰囲気で一日のストレスが解消できる場所である。日本とベトナム両方の文化と雰囲気があり、毎月 3000 人のお客様にサービスを提供している。経済分野や原料提供の日系企業との協力を希望している。

日本人専用エンターテイメント・サービス提供

　弊社は 2013 年に設立された、レストラン、エンターテイメント、小売にたずさわる会社です。ベトナム居住者、働く日本人、旅行している日本人向けのエンターテイメントのサービスを提供する会社です。主な飲み物はウイスキー、焼酎、カクテル、ソフトドリンク等です。お洒落な雰囲気で一日のストレスが解消できる場所です。このお店を愛するお客様に感謝を表すため、お得なキャンペーンや特別なイベントを行います。お客様のご要望を聞き、「お客様のご要望に応えられるように」と心に誓いながら、日々努力しています。

　若手の従業員が多い。責任感が強いマネージャーが仕事を完璧

に管理している点は弊社の誇りです。このお店は日本人専用です。日本人のご要望に応えることができるように、毎月一回特別なイベントを行なっています。このお店のサービスを利用して下さるお客様にはとても好評です。そして、お客様が別のお客様をご紹介下さり、現在、毎月3,000人のお客様にサービスを提供しています。

　毎月、このお店でもピクニックやチャリティー活動を行っています。お客様皆様が幸せに健康に暮らしていけることを願っています。詳しくは以下のウェブページをご覧ください。

1. www.Tanabata.com.vn
2. www.girlbar.net
3. Phamthiyennhi.com

「このひと時を永遠に」

　ベトナムには、日本人向けのエンターテイメントを提供できるところが少ないのが現状です。そのため、このお店は、日本人専用のくつろげる居場所とし、完璧な場所の提供に努力しています。「このひと時を永遠に」はこのお店のモットーです。また、ベトナム人に雇用の機会も作りたいと思います。国内に100店舗作ることが目標です。そして、将来はベトナム国内だけでなく世界に進出したいと考えています。

ベトナムで日本とベトナム両方の文化と雰囲気に触れる

　経済分野や原料提供の日系企業との協力を希望しています。ベトナムにお越しの際は、ぜひ一度お店にお越し下さい。日本とベトナム、両方の文化と雰囲気に触れることができる場所です。きっとおくつろぎいただけることと思います。

会社情報

社名（英語）	：Cong ty TNHH MTV TM-DV Mam Truc（Tanabata）
代表者名（英語）	：Pham Thi Yen Nhi
従業員数	：90 人
授権資本金	：3.000.000.000vnd
設立	：2013 年
本社住所（英語）	：8A/ 6C1 Thai Van Lung ,f.Ben Nghe,q.1,hcmc
電話番号	：0988845241
ファックス	：──
URL	：http://www.Tanabata.com.vn/
E-Mail	：ptynhi@tanabata.com.vn

社名：**PMV SECURITY SERVICE COMPANY LTD**

Prevention（防止）、Management （管理）、Verification（検証）
のプロ集団

> PMV SECURITY SERVICE COMPANY LTD は 2008 年に設立された、ガードマン／お付きサービスを提供する会社である。顧客を守るガードマンの管理こそ、弊社のブランドと信頼を維持するために最も重要である。PMV ブランドが国民的ブランドとなり、ベトナムのトップガードマン会社になることを目標としている。弊社ガードマンは規律・まじめさ・責任感・信頼に関してとても高い評価を得ており、今後、日本人へのサービス提供を拡大したい。

PMV：Prevention（防止）、Management （管理）、Verification（検証）

　弊社は 2008 年に設立された、ガードマン／お付きサービスを提供する会社です。PMV は会社名 Phat Minh Vuong を省略したものですが、PMV の意味は Prevention（防止）、Management（管理）、Verification（検証）です。顧客への弊害を防止し（Prevention）、顧客の財産と人材の管理をしっかりし（Management）、自分が行ったことを検証する（Verification）という意味です。弊社はもともと 114 近衛旅団の出身で、有名な旅団でした。114 旅団はベトナム政府の地位が高い人の安全を守る仕事をしています。弊社は軍隊の経験を活かし、会社の運営や仕事をするガードマンの姿勢を

訓練します。日本人にガードマンを提供する Secom Vietnam で 3 年間働いた経験もあります。2008 年、自分が思い描くガードマンたちを養成したいと考えたので、弊社を設立致しました。弊社には現在、約 600 人の従業員がいます。将来、北部

にも支社を作る予定です。

　弊社のガードマンは他社と異なり、プロ意識を持ち、仕事に全力貢献します。厳しい入社試験や心身の健康診断を受けてもらいます。特にこの仕事を愛することが必須条件です。合格すると、基礎から高度な技術まで厳しい研修を受けてもらいます。

　弊社は、顧客を守るガードマンの管理こそ、弊社のブランドと信頼を維持するために最も重要なことだと考えています。各段階でチェックする際、仕事に全力で取り組んでいるか否かが最も大切なことです。そうすると、顧客も満足するし、顧客へのリスクも減ります。

　これまでに高い評価を得ています。2009-2015 年、ベトナム企業協会、商売促進局、Global GTA、InterConformity から、弊社は信頼ブランド（Trusted Brand）賞を受賞しました。さらに、「ベトナムゴールデン企業」、「みんなの企業」、「安定発展企業」等、30 の承認をいただきました。特に、2015 年 7 月 16 日、弊社のベトナムへの貢献が認められ、ベトナム大統領と面会する機会をいただきました。

「仕事を愛し、仕事に貢献し、顧客のため、社会のため、全力で仕事をする」

　弊社の経営理念は「仕事を愛し、仕事に貢献し、顧客のため、社会のため、全力で仕事をする」ことです。弊社は PMV ブランドが国民的ブランドとなり、ベトナムのトップガードマン会社になることを目標としています。サービスの種類も多様になり、政治家から芸人や老人に至るまで、ありとあらゆる人を守ります。弊社は単なるガードマンのサービスだけではなく、親善の雰囲気も醸し出します。会社に来られる方が最初に会うのはガードマンだからです。

　国民的ブランドを目指すために、弊社は常にイメージを大切にしていま

す。それは日常の姿勢を正し、服装等を常に清潔にし、礼儀正しくすることです。弊社の目標は責任感があり、高品質のサービスをするプロのガードマンを提供することです。

弊社の役員はほとんどこの業界に関連する豊富な経験をもった人たちです。たとえば、法律、公安、軍隊などです。弊社は顧客によりよいサービスを提供するために、日々改善の努力をしています。弊社は顧客の利益を一番に考え、安全面だけではなく、家族らしい親しさもお届け致します。

日本人へのサービス提供の拡大を希望

顧客はどのような人でも、どこからお越しいただいても、丁重にもてなします。弊社ガードマンは規律・まじめさ・責任感・信頼に関してとても高い評価を得ています。日本の顧客からも同様の評価を得ています。弊社も日本人が信頼を重視することを見習っています。これからも日本人との関わりを増やしたいと思います。

会社情報	
社名（英語）	: PMV SECURITY SERVICE COMPANY LTD
代表者名（英語）	: Mr. PHAM MINH VIET
従業員数	: 580 人
授権資本金	: 5.000.000.000 VND
設立	: 2008 年
本社住所（英語）	: 40/18 Tran Nao st., BinhAn ward, District 2, Hochiminh city
電話番号	: 028-3740 7026
ファックス	: 028-3740 7026
URL	: http://www.pmvsecurity.com/ http://www.pmvs.com.vn/
E-Mail	: info@pmvs.com.vn

社名：**Phuc Long Co., Ltd.**

Phúc Long 工業団地の発展と投資家を支援する会社

Phuc Long Co., ltd は 2009 年 2 月に設立された、工業地、Phúc Long 工業団地の工場のレンタルサービス等にたずさわる会社である。Phúc Long 工業団地の利点は地理的利便性と安定した地質によって、運送・建築費用と時間を節約できることである。Phúc Long 工業団地の拡大の第二段階では、環境への配慮を重視し、グリーン・クリーン・イフェクト工業団地を建設している。弊社は投資家の利益のためにあらゆる支援を行っている。

Phúc Long工業団地の発展

　弊社は 2009 年 2 月に設立された、工業地、Phúc Long 工業団地の工場のレンタルサービス等にたずさわる会社です。工業団地システムの発展のニーズと共に、ロンアン省の経済改革であり、外国からの投資によって技術移転センターになり、国内外の商品を提供し、地元の雇用対策にもなります。鋼管、カラー亜鉛鍍金鋼板、亜鉛メッキ鋼板が主要取扱い製品です。世界一流の鋼鉄会社から鋼鉄を買い入れているので、弊社の鋼鉄は、安全

規格の認証を受けており、顧客から信頼されています。

弊社設立当初、Phúc Long 再定住住宅（12 ヘクタール）と　Phúc Long　工業団地（80 ヘクタール）のプロジェクトを手がけました。2013 年には Phúc Long　工業団地を落成し、運営が始まりました。これまで、総面積 340 ヘクタールほどの開発を行いました。

Phúc Long 工業団地の利点は地理的利便性です。運送業界にとって Phúc Long 工業団地は、１Ａ国道とホーチミンの重要な道路を通して、諸地方とメコンデルタが結ばれる結節点という便利な位置にあります。

工業地に関して、投資家に建築費の基礎を説明する必要があります。近隣の土地との比較をするために、弊社は、Phúc Long 工業団地の地質検査を行いました。その結果、地質は投資計画に影響をおよぼすことが分かりました。Phúc Long 工業団地の地質は安定しているので、建設費用が少なくなり、プロジェクトの実行可能性が高まります。

Phuc Long 工業団地では、日本の中小投資家向けに 500 平方メートルから 2,000 平方メートルの工場をリースしています。投資家や顧客の要望に応じて、大規模な工場建設も可能です。ベトナム市場に初めて参入する企業にとって、独立したプライベートキャンパス付きの工場は便利です。

Phuc Long 工業団地は技術インフラを完備しており、日本、イタリア、韓国等の先進国から企業を誘致しています。現在、日本企業４社が Phuc Long 工業団地に進出しています。

弊社はインフラ面で投資家を援助しています。輸出入を援助するために、Phuc Long 工業団地に本社を立てるよう、Ben Luc 関税局に依頼しました。法務関係の手続きは弊社法務部が支援致します。さらに、理想的な工業団地に ATM、コンビニエンスストア、従業員寮は不可欠です。

グリーン・クリーン・イフェクト工業団地の建設に向けて

弊社は自力で、「便利で効果的な投資環境を育てる」という使命を果たすことができました。一流の会社になるためには、継続的に業務改善に取り組むことが必要です。弊社は以下の３つの目標を掲げています。（１）

多様なモデルと経済的な高級品を提供します、（2）明るい勤務環境を造ります、（3）協調し、財源を合理的に使用し、環境に優しい勤務環境を目指します。工業の発展で生活は便利になります。しかし、同時に環境を守ることも課題になります。弊社は理想的な環境を提供します。

　Phúc Long 工業団地の拡大の第二段階では、国内外の投資家の誘致を促進するために、グリーン・クリーン・イフェクト工業団地を建設しています。マスター計画の 20 ～ 30% は緑に囲まれ、生活と勤労することに有益な工業団地にします。環境面で理想的な工業団地になるように、ロジック機能分区を建て、これまでに環境公害を引き起こした業界を制限し、環境基準を満たすインフラを提供します。顧客が投資から十分な利益を得られるよう、弊社はあらゆる支援を行います。弊社は不動産業界と工業インフラ業界で一流会社になることが目標です。

日系企業システムの設立を目指して

　弊社は投資家として、Phúc Long 工業団地の施設を開設します。営業種目は工業地、Phúc Long 工業団地の工場レンタルサービスです。基幹工業における日系企業システムの設立を目指しています。2015 年、ロン

アン省の役人と日本の愛知県小牧市の代表者がPhúc Long工業団地に来られました。弊社は日系企業システム構想を説明致しました。

弊社は投資家の支援を行います。弊社は適切な施設と便利なサービスを提供し、投資計画を後押し致します。さらに、弊社は世界の企業と協力し、人材育成に努力します。

ベトナム市場の特徴は、豊富な労働力と投資家に対する政府の支援です。多くの日系企業がベトナム市場に進出しています。Phúc Long工業団地はベトナムで人気の高い工業団地です。地理的条件と安定した地質により、運送・建築費用と時間を節約することができます。弊社は投資家の利益のためにあらゆる支援を致します。

会社情報

社名（英語）	: Phuc Long Co., ltd
代表者名（英語）	: Mai Tri Hieu
従業員数	: 50 人
授権資本金	: 600 ty VND
設立	: 2009 年 2 月
本社住所（英語）	: No. 400, national road 1A, area 9, Ben Luc townlet, Ben Luc district, Long An province, Vietnam
電話番号	: +84 2723.655.705
ファックス	: +84 2723.655.704
URL	: http://www.phuclonggroup.com/
E-Mail	: sales@phuclonggroup.com

社名：**VUON BO DE-Bodhi Tree Garden**

地理的条件に恵まれた寺院等の植樹会社

VUON BO DE-Bodhi Tree Garden は1985年に設立された、寺院の植樹等にたずさわる会社である。弊社はベトナム・カイメップ港新コンテナターミナル運営会社や2025年の開港を目指しているロンタイン国際空港に近く、ホーチミン市へも高速道路を使えば約90分で行くことができる便利な場所に位置している。

弊社の活動と恵まれた地理的条件

　弊社は1985年に設立された、寺院の植樹等にたずさわる会社です。1990年にホーチミン市からBR-VT省タン・タン県タン・フク・ワードまで16,000平方メートルの場所に、仏様のBodhi木の庭に108本、羅漢をあらわすShala木を18本植えました。さらに、半地球儀に座禅するDI-LAC弥楽仏像も建設しました。霊地なので、さまざまな工夫をこらしています。現在の周辺地域は発展しています。

　弊社から5kmの地点には、ベトナム政府より正式に認可を受け、ターミナル運営の合弁会社であるベトナム・カイメップ港新コンテナターミナル運営会社（CAI-MEP-International Terminal）

があります。弊社から10kmの地点には、2015年6月にベトナム国会が建設を承認し、2025年の開港を目指しているロンタイン国際空港（LONG-THANH-International Airport）があります。この国際空港は5,000ヘクタールの面積で4本の滑走路、4つのターミナルで、年間乗降客7000万人を予定しています。

　ホーチミン市、Binh-Duong省、Dong-Nai省、東南部の経済三角地域の各工業団地の企業の輸出入活動が発展しています。弊社から10km範囲内で大きなお寺が建設中で、新都市の中心になります。ホーチミン市から弊社までは高速道路70kmで約90分、国道No.51だと約120分かかります。BaRia-VungTau省のTAN-THANH県は発展する潜在性がありますので、地方の投資情報センター等の設置を予定しております。

会社情報

社名（英語）	：VUON BO DE-Bodhi Tree Garden
代表者名（英語）	：LE VAN NGHIEP（法名：皇宝）
従業員数	：1人
授権資本金	：USD2.000.000
設立	：1985年
本社住所（英語）	：Ong Trinh Ward, Tan Phuoc Commune, Tan Thanh District, BaRia-VungTau Province
電話番号	：84-0254-3895281
ファックス	：——
URL	：http://www.vuonbode.com/
E-Mail	：info@vuonbode.com

V. 販売・金融・輸送関連企業

安全性と便利さを兼ね備えた精巧なデザインの家庭用器具

ELMICH JOINT STOCK COMPANY は 2011 年 11 月に設立された、高級家庭用器具生産、欧米から輸入される Elmich ブランドの高級家庭用器具販売を手がける会社である。環境に優しく、顧客のニーズに合った優れた性能とデザインは顧客にインスピレーションをもたらす。中間層や富裕層をターゲットにしている。今後は、日本市場はじめ、アジア全域に進出していく計画をたてている。より便利な社会にするために、弊社は日本企業との協力を希望している。

優れた性能とデザイン性のある製品は顧客にインスピレーション

　本社がチェコにある Elmich 社は、欧米の家庭用器具生産市場で高い評価を得ている会社です。設立後 20 年で Elmich 社は欧米のほとんどの国に支店を出店しました。アジアに進出する足がかりとして、2011 年 11 月に Elmich 社はベトナムに支店を出店しました。Elmich 社はアジア地域の人たちの生活改善に関心を持っていました。当時、ベトナムには家庭用器具を供給する会社が多く、激しい競争に直面しましたが、弊社は従業員が一丸となり、努力致しました。

当初 4 年間、弊社はチェコから輸入した家庭用器具を販売していました。安全性と便利さを兼ね備えた精巧なデザインで有名な Elmich 社からは、販売にあたって厳しい条件を課されましたが、遵守致しました。

2015 年に、弊社はベトナムのハナン県に工場を建てました。面積が 7 ヘクタールで、年間 300 万個の製品を取り扱うことができ、運送と製品管理に便利で、国内外の需要を満たすことができました。

弊社の企業戦略の中で最も重要なことは人材の育成です。弊社の社員は熱心で、環境に優しく、顧客のニーズに合った優れた性能とデザインを重視しています。適度な重さ、優れた性能とデザインは顧客にインスピレーションをもたらしますので、プロのシェフや料理好きの人に、弊社の製品の愛用者が多くいます。

このような弊社の努力が評価され、ベトナムの『労働社会新聞』と『家族と子供雑誌』から「2013 年度家庭、子供へのベストサービストップ 20」および『アジア・太平洋経済新聞』から「2014 年度アジア・太平洋の優秀な企業」と高く評価されました。

中間層や富裕層をターゲットにし、日本市場はじめ、アジア全域に進出を計画中

弊社は環境に優しい、持続可能な開発企業になることを目標にしています。現在は、ベトナムの市場で、中間層や富裕層をターゲットにしています。便利で安全な台所用品を求める大都市の女性がその中心です。日本をはじめとしてアジア全体でも、そのようなニーズが多くあります。今後、弊社はハナン県の工場を戦略拠点とし、日本市場はじめ、アジア全域に進出していきたいと思います。

環境に優しく、顧客の健康を大切にし、便利で、精巧なデザインの製品を日本の市場に届けるために、日本企業との協力を希望

　弊社は、家庭用器具分野で日本企業と、協力と信頼に基づく関係を構築したいと思います。弊社は、仕事に対する情熱、規則の遵守、豊かな創造性といった価値観を日本企業と共有しています。弊社は、日本が次の市場だと考えております。より便利な社会にするために、弊社は日本企業との協力を希望しています。

　日本人の要求は相当高いものですが、弊社は、日本人のニーズを満たすだけの自信があります。環境に優しく、顧客の健康を大切にし、便利で、

精巧なデザインの弊社製品を、日本市場にお届けしたいと思います。

　弊社は以下の点を顧客に保証致します。①適度な重さで便利な製品を供給します。②特別なサービスと付加価値で多様な需要を満たします。③顧客に安全を保証します。

会社情報

社名（英語）	：ELMICH JOINT STOCK COMPANY
代表者名（英語）	：Khanh Do Truong
従業員数	：250 人
授権資本金	：400.000.000.000 VND
設立	：2011 年 11 月
本社住所（英語）	：No.122, Nguyen Luong Bang Street, Nam Dong Ward, Dong Da Dist., Hanoi, Vietnam
電話番号	：(+84) 43.513 4658
ファックス	：(+84) 43.513 4549
URL	：http://www.elmich.vn/
E-Mail	：info@elmich.vn

社名：**SOVINA COMPANY LIMITED**

零細企業から SOVINA GROUP の結成へ

SOVINA COMPANY LIMITED は 1998 年に設立された、輸出入に携わる会社である。当初は資本金 1500 ドル、従業員 3 人で機械の輸出を扱う零細企業。「顧客のニーズに必ず応じる」、「金より信頼」という 2 つの社是の下で努力し、30 か国以上の顧客と取引する企業に成長。将来的には、SOVINA GROUP をたちあげ、仕入れ先や輸出市場の拡大を計画。質の高いベトナムの手工芸品を手頃な価格で日本市場に輸出し、ベトナム文化を紹介するために、日本企業との協力を希望している。

資本金1,500ドル、従業員3人から、世界30か国以上と取引する会社に成長

　弊社は 1998 年に設立された、輸出入に携わる会社です。当初は機械を生産し、主に日本へ輸出していました。当初は、資本金がわずか 1,500 ドルで、従業員が 3 人だけだったので、財政面、人材面の両方で大変苦労しました。また、取扱商品が少なかったので、弊社の競争力も弱かったのが実情です。設立者は石膏、手工芸品、衣類、信託業務インポートサービス等も始めました。2008 年から弊社は消費財を中心に扱うようになり、徐々に弊社の主力商品になりました。現在、弊社は消費財を取り扱う会社とし

て、広く知られるようになりました。日本、アメリカ、韓国、オスラリア等、30 か国以上の顧客と取引しています。弊社の高品質の商品と優れたサービスによって、顧客から高い評価を得ています。

他の会社と比較して、弊社には以下のような特徴があります。①従業員は輸出入の分野で豊富な経験を持っています。②社長は世界のさまざまな地域の文化に関して深い知識を持っています。③専門的な勤務体系を整えています。④迅速な商品調達や新規商品開発が得意です。⑤顧客のニーズに迅速に応えます。⑥多くの国の顧客から高い評価を得ています。

「顧客のニーズに必ず応じる」、「金より信頼」という２つの社是の下、SOVINA GROUP結成に向けて努力中

　弊社には２つの社是があります。その１「顧客のニーズに必ず応じる」です。顧客のニーズは徹底的に満たすのが弊社の役割です。弊社は国内企業やクラフト制作室と協力し、顧客のニーズを最大限満たしています。たとえば、日本企業のニーズに応じて、餅や刺繍バッグを輸出しました。また、韓国企業のニーズに応じて、ウエハーやライスペーパーを輸出しました。顧客はこれらの商品を大変高く評価して下さいました。

　２つめの社是は「金より信頼」です。弊社は目先の金銭的利益よりも、長期的な信頼を重視します。弊社は、輸出入取引のほんとんどをインターネットを介して行います。対面販売ではありませんので、「信頼」を築き上げるのは難しいものです。弊社が特に注意していることは、商品の品質と量、商品の配送時間の約束を常に遵守することです。商品をコンテナに載せた際の写真を顧客に送り、安心してもらえるように努めています。

　将来的には、SOVINA GROUP をたちあげ、市場を拡大することです。また、顧客のニーズを満たすために、今以上に国内企業との協力関係を深めたいと思います。さらに、ベトナム国内だけではなく、マレーシア、イ

ンドネーシア、フィリピン、タイ等に仕入先を増やしたいと思います。

質の高いベトナムの手工芸品を手頃な価格で日本市場に輸出し、ベトナム文化を紹介

　ベトナムの質のよい商品を日本市場に輸出できるように、日本企業と協力したいと思います。手工芸品を通してベトナムの文化を紹介したいと思います。将来日本市場で高い評価を得られる供給者になることが目標です。弊社は手頃な価格で最高の商品とサービスを提供致します。

会社情報	
社名（英語）	: SOVINA COMPANY LIMITED
代表者名（英語）	: GIANG VU TUAN
従業員数	: 25 〜 99 人
授権資本金	: 400,000 ドル
設立	: 1998 年
本社住所（英語）	: Room 2610, 34T, Hoang Dao Thuy Street, Trung Hoa - Nhan Chinh, Cau Giay, Hanoi, Vietnam
電話番号	: +84.4.222.10170
ファックス	: +84.4.222.10171
URL	: http://sovina.com/
E-Mail	: sovina@sovina.vn

社名：**HANOI SIEU THANH JSC**

ベトナムで初めてオフィス設備に関する貿易と
アフターサービスに関する ISO 9001:2000 認証を受けた企業

HANOI SIEU THANH JSC は 1995 年に設立された、オフィス設備に関する分野の商品、サービスを提供する会社である。ISO 9001:2000 認証を受けただけではなく、数々の価値ある賞を受賞。個々の従業員の創造性と団結心により、オフィス設備とサービス提供分野でベトナムのリーディングカンパニーとなっている。日本の大企業のベトナムにおける公式代理店となっており、今後もオフィス設備関連分野で日本企業との協力を希望している。

オフィス設備に関する貿易とアフターサービスに関する
ISO 9001:2000認証を受けたベトナム初の企業

　弊社は 1995 年に設立された、オフィス設備に関する分野の商品、サービスを提供する会社です。弊社は顧客に現代的商品と最新式で多様なオフィスサービスを提供致します。設立当初はさまざまな困難に直面しました。

　しかし、弊社は不断の努力と改善を重ね、顧客の信頼を獲得し、成長することができました。努力の甲斐があり、弊社はベトナムで初めてオフィ

ス設備に関する貿易とアフターサービスに関する ISO 9001：2000 認証を受けました。顧客のオフィスニーズに関する弊社の貢献が認められ、第三級労働薫章、総理大臣賞、レッドスター賞等価値ある賞を次々受けました。さらに、ベトナムにおける先進企業 500 にも選ばれました。

個々の創造性と団結心を統合し、オフィス設備とサービス提供分野でベトナムのリーディングカンパニー

　弊社は、従業員の能力増進、創造性の発揮を積極的に奨励しています。同時に、プロ意識と規律、チームワークの重要性、団結、共有の精神も大切にしています。個々の従業員の実力が、会社全体の発展に貢献するようになるのが理想です。

　団結心と創造性の統合により、弊社は常にオフィス設備とサービスを提供する分野でベトナムを牽引する中心的な企業です。

　弊社の使命は顧客の個々のニーズに満たすために、最新技術を採用し、手頃な価格で、ベトナム人消費者に現代的な設備と多様なサービスを提供することです。顧客の信頼を獲得し、オフィス設備に関するプロというイメージを確固たるものにしたいと考えています。

高い品質の商品と専門的なサービスの提供を要求する
日本人顧客のニーズに対応

　オフィス設備は企業にとって不可欠のものです。企業から高い評価を得ていることは弊社の誇りです。特に、京セラ、富士ゼロックス、理想科学等、日本の大企業の公式代理店になっています。

　設立当初から、弊社は常に日本のパートナーを最優先にしてきました。日本製のオフィス設備は最新の技術を採用し、便利で、現代的なデザインで、優れたものです。日本人の顧客は高い品質の商品と専門的なサービスの提供を求められます。そのニーズに対応するため、弊社は常に技術レベルを高め、サービスの品質も高める努力をしています。今後も、この分野で日本企業との協力を希望しています。

会社情報

社名（英語）	：HANOI SIEU THANH JSC
代表者名（英語）	：NGUYEN NHAN
従業員数	：150 人
授権資本金	：39.202.520.000.00VND
設立	：1995 年
本社住所（英語）	：No.5 Nguyen Ngoc Vu street, Trung Hoa ward, Cau Giay district, Hanoi, Vietnam
電話番号	：(84-4) 3 822 3888
ファックス	：(84-4) 3 942 2125
URL	：http://www.sieuthanh.com.vn/
E-Mail	：sieuthanh@sieuthanh.com.vn

HSTC GROUP
HANOI SIEU THANH JSC

社名：TienPhong Commercial Joint Stock Bank

豊富な経験と最先端テクノロジーを活用し、顧客に多様な
金融商品やサービスを提供。目標は合資商業銀行トップ15

TienPhong Commercial Joint Stock Bank は 2008 年に設立された銀行である。法人と個人の短期・中期・長期預金を公募する。法人と個人に短期・中期・長期融資を行う。ベトナムの銀行に許可された外貨買い取り、国際貿易の支援、割引債引受け、有価証券、金の売買等の取引を行う。日系直接投資企業との協力を希望している。

大口株主の支援を背景に、経験と最先端テクノロジーを活用して
顧客に金融商品・サービスを提供

弊行は、2008 年 5 月に設立されました。DOJI ジュエリー、FPT テクノロジー、モバイル情報ＶＭＳ（MobiFone）、再保険会社（Vinare）、海外投資事業を行う SBI Ven Holding Pte. Ltd（Singapore）等の大口株主に支えられています。2013 年 12 月、弊行のブランドを確立するために、TPBank という略名を使用することに致しました。

弊行の経験と最先端テクノロジーを活用し、顧客に多様な金融商品やサービスを提供致しました。弊行は、ベトナム首相賞やベトナム国立銀行総裁賞を受賞し、Global Financial Market Review 誌による「2014 年ベトナムにおける最も創造的名銀行」に選ばれました。さらに、2014 年 11 月には、ベトナムにおける人気電子銀行（MyEbank）を投票するコンテストで第二位を獲得しました。Mobile Banking 部門では第 1 位、Internet Banking 部門では第 5 位になりました。

弊行は、株主に対して、長期的に高配当をもたらします。弊行は行員を家族同様大切にし、経済的にも精神的にも満足してもらえるような労働環境を整えます。弊行は社会的責任を果たすために、積極的に共同活動に参加し、国家の発展に貢献致します。

めざせトップ15合資商業銀行

弊行は、業務管理システムとカスタマーサービスを向上させるために、新サービスの研究開発に取り組んでいます。特に弊行は、ベトナムの南部市場での業務に力を入れ、トップ15合資商業銀行に入ることを目標にしています。

日系直接投資企業との協力を希望

日本のSBI Holdingsの資本により、ベトナムに直接投資をしているトヨタ、ホンダ、スズキ等の企業との協力を重視しています。これらの大企業は、高度な技術と自動化技術をベトナムに提供しています。

人材派遣、留学サービス、在ベトナム小売システム（保険、スーパー、レストラン等）は、弊行の戦略的営業分野です。

日本の直接投資企業のニーズを満たすために、弊行は全国の支店システムを改善しています。さらに、弊行は「電子銀行サービス」を充実させ、顧客がいつでもどこでも弊行の商品とサービスを使用できるようにしてい

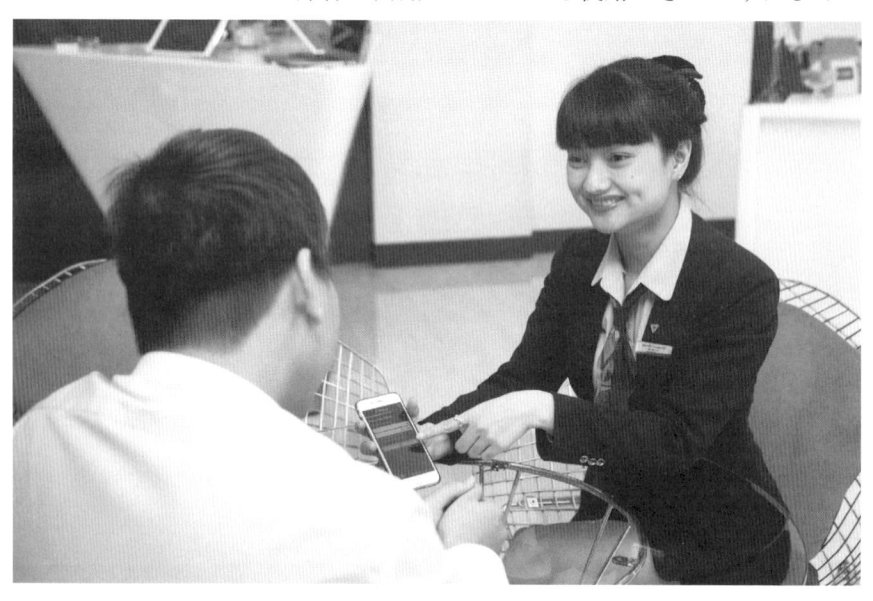

ます。

　顧客が弊行の商品とサービスが利用しやすくなるように、弊行は、さまざまな日本関係の団体や日本関係のコンサルティング会社を活用して、日本の顧客にアプローチします。さらに、弊行は日系顧客グループに対して、低利無担保クレジットの付与等の優遇措置を提供しています。

　弊行は以下のことを日系企業に保証します。①弊行が公開している情報通り、高品質の銀行商品・サービスを提供します。②日系直接投資企業にとって、弊行のサービスは便利で使いやすいものです。③弊行は、日系直接投資企業と協力します。

会社情報

社名（英語）	：TienPhong Commercial Joint Stock Bank
代表者名（英語）	：Mr Đinh Tien Duc
従業員数	：1910 人
授権資本金	：5.550.000.000.000 VND
設立	：2008 年
本社住所（英語）	：TPBank Building, 57 Ly Thuong Kiet Street, Hoan Kiem district, Ha Noi, Viet Nam
電話番号	：(+84 4) 3768 3683
ファックス	：(+84 4) 3768 8979
URL	：https://tpb.vn/
E-Mail	：Dichvu_khachhang@tpb.com.vn

TPBank
A deeper understanding

金融投資・不動産業で強力なパートナーと巨大プロジェクトにも関与

LIEN VIET GROUP CORPORATION は 2009 年に設立された、金融投資、不動産等を扱う会社である。強力なパートナーと共に、金融投資や不動産業で巨大プロジェクトにも参加。他方、環境や企業の社会的責任にも大きな関心を払っている。インフラと不動産、再生可能エネルギー技術分野等で日本企業との協力を希望している。

強力なパートナーと巨大プロジェクトに参加

　弊社は 2009 年 12 月に設立された、金融投資、不動産等を扱う会社です。不動産は弊社の主要分野です。弊社は利益率が高いプロジェクトを手がけています。具体的には、市街地、アパートとオフィスレンタル、リゾート、ショッピングモール、インフラ等を主に取り扱っています。

　現在、弊社の経済力と技術力を駆使し、Him Lam 社や Lien Viet 銀行という強力なパートナーを得て、全国で大規模な不動産プロジェクトに取り組んでいます。設立した頃は多くの問題に直面しました。しかし、安定したパートナーのおかげで不動産市場に参入でき、現在の地位を得ました。不動産以外では、弊社は鉱物やダムのインフラ工場等、多くの分野に投資しています。

　Him Lam 社は弊社の有力株主です。さらに Him Lam 社は Lien Viet 銀行の創立株主で、不動産市場でも著名な会社です。Him Lam 社は不動産業に精通しており、不動産市場の傾向もよくわかります。

　不動産業の経験はまだ浅いのですが、Lien Viet 銀行の尽力および Him Lam 社と Lien Viet 銀行の協力により、弊社の経済力・技術力が認められ、以下のような巨大プロジェクトに参加できました。①ハノイ市バディン区

フンヴオン 22 の多機能工場への投資プロジェクトでは、郵便設備の会社とのパートナーでハノイ市の中で最もよい場所での工場建築を落札できました。② Him Lam Riverside アパートプロジェクトでは、Him Lam 社の関連会社と協力して 314 のアパートに投資しました。　これらのプロジェクトはハノイやホーチミンの重要なプロジェクトで、完成時には、都市の不動産市場に大きな影響を与えます。

　他にも、ほかにも Lien Viet 銀行は投資の多様化を図り、Phu Tho 林業会社の木材の生産と加工に投資しました。Lien Viet 銀行は生産改善システムと機械購入の交渉に直接参加していました。また、これから 2020 年まで、Lien Viet 銀行は Tay Nguyen で 5000 ヘクタールのマカダミアの木の植林と加工工場建設プロジェクトにも投資しています。

企業の社会的責任の遵守

　弊社は地球にやさしい企業戦略を進めます。弊社は投資先の環境に関する規定や規則等を遵守します。弊社は地球にやさしい技術を利用してビルやアパートを建てます。弊社はリサイクル・環境問題に配慮した適切な手段でプロジェクトを進めます。

　弊社は企業の社会的責任を自覚しています。弊社は法律や税務規則を遵守します。弊社は経営分野に関する経済・社会の発展に参加します。弊社は投資先の伝統・習慣・文化価値に敬意を表します。弊社は人材・経済・文化の分野で利益が出る活動に協力します。弊社はボランティアやチャリティー活動に積極的に参加します。弊社は国内外で

責任ある行動をします。

　弊社は国際経験が豊富な投資専門家を大勢有しています。利益を最大にし、国際基準のプロジェクトができるように、適切な管理職も整えました。

　弊社は以下のような方針を持っています。①法律遵守、②株主の利益向上、③パートナーとの関係強化、④透明な財政管理、⑤労働法と関連法の順守、⑥労働者の生活改善、⑦社会的責任の遂行。

インフラと不動産、再生可能エネルギー技術分野等で日本企業との協力希望

　弊社はこれまでにも日本企業と多くのプロジェクトで協力してきました。今後、以下のような分野で日本企業との協力を希望しています。①インフラと不動産のプロジェクトに協力して投資、②再生可能エネルギー技術に特にバイオマスに投資、③農林業に特にマカダミアの植林と加工に投資、④日本・ベトナムの輸入出の貿易で協力、⑤工業生産等で協力。

会社情報

社名（英語）　　　：LIEN VIET GROUP CORPORATION
代表者名（英語）：Duong Cong Minh
従業員数　　　　：20 人
授権資本金　　　：2.000.000.000.000VND
設立　　　　　　：2009 年 12 月
本社住所（英語）：109 Tran Hung Dao St., Cua Nam Ward, Hanoi, Vietnam
電話番号　　　　：+84-4-39426699
ファックス　　　：+84-4-39412607
URL　　　　　　 ：http://www.lienvietgroup.com.vn
E-Mail　　　　　：contact@lienvietgroup.com.vn

多様な輸送サービスで顧客のあらゆるニーズに対応

RED RIVER TRAVEL AND COMMERCIAL COMPANY LIMITED は 1997 年 9 月に設立された運輸業、ガソリン事業、国内外旅行業、不動産業、自動車関連サービス業、自動車・輸入バイク事業等を手がける会社である。国内外の経験を踏まえ、多様なニーズに対応可能。常に「快適な乗り心地、安全第一、時間厳守、最高のサービス、廉価、最高の満足」を顧客に提供。長期的戦略としてのグローバルブランドの構築をめざしている。商業輸送ソリューションの提供で日本企業との協力を希望している。

多様な国際経験を踏まえ、あらゆる顧客のニーズに対応

弊社は 1997 年 9 月に運輸業、ガソリン事業、国内外でツアーのオーガナイズ、不動産、車のための専門的なサービス、自動車・インポートバイクの事業等を取り扱う会社として設立されました。運輸業界では弊社は大手に成長致しました。弊社は多様な業界で活動し、ベトナムの社会経済発展に重要な貢献をしています。常に顧客のニーズを満たすことを第一に考えています。

弊社の強みは以下の 4 点です。①多様な車両があり、顧客に幅広い選択肢を提供できます。② 24 時間 365 日、常に顧客をサポートするオペレーティングシステムを整えています。③ドライバーは少なくとも 2 年以上の経験があり、基本的な英語を話すことができます。④いつでも、どこからでも、弊社ホームページ上でオンライン予約ができます。

弊社は、ハノイの5つ星ホテル、非政府組織、大使館、国内外の企業、全国の省や都市に輸送サービスを提供しています。また、ASEM, APEC, ASEAN, INTERPOL 等、国際的なイベントで輸送サービスを提供いたします。このような多様な経験を踏まえ、すべての顧客のニーズに応えることができます。

長期的戦略としてのグローバルブランドの構築

「快適な乗り心地、安全第一、時間厳守、最高のサービス、低価格、最高の満足」を顧客に提供することが弊社の使命です。弊社は運輸業界で大手ですが、顧客の信頼を維持するためにこれからも努力致します。

　ベトナム国内の旅行業・輸送サービスは今後も継続して行います。今後は、国境を越えた事業拡大を重視します。弊社の長期戦略はグローバルブランドを構築することです。弊社は積極的に ASEAN 地域等でグローバルブランドを構築することを目標としています。

商業輸送ソリューションの提供で日本企業との協力を希望

　今後も競争力を高めるために、日本企業とのパートナーシップを希望しています。特に、商業輸送ソリューションの提供で日本企業との協力を希望しています。「貴社と弊社の架橋を構築したい」と思います。

会社情報	
社名（英語）	：RED RIVER TRAVEL AND COMMERCIAL COMPANY LIMITED
代表者名（英語）	：Mr. Nguyen Tuan Anh/Andrew Nguyen
従業員数	：326 人
授権資本金	：25.000.000.000 VND
設立	：1997 年
本社住所（英語）	：68 Le Van Luong, Nhan Chinh, Thanh Xuan, Hanoi, Vietnam
電話番号	：+84-4-35569999
ファックス	：+84-4-35568189
URL	：http://www.redriverco.com/
E-Mail	：tuananh@redriverco.com/sale@redriverco.com

RED RIVER Corporation
TỔNG CÔNG TY DU LỊCH & THƯƠNG MẠI SÔNG HỒNG

全国に拡大しながら、「社会に対する責任を全うする」タクシー会社

PHU HOANG TRANSPORT & SERVICE JOINT STOCK COMPANY は2009年11月に設立された、タクシー運送（主な業務）、自動車保証、携帯電話・電話・SIM カード販売等にたずさわる会社である。利益至上主義ではなく、「社会に対する責任を全うする」ことを弊社の経営理念としており、TienSa タクシーは地方庶民や観光客の要望に応えるように努力している。高品質で競争力のある価格のサービスを提供することで、あらゆる顧客のニーズに対応し、大規模市場開拓も可能になる。そのためにも、タクシー輸送分野で日本企業との協力を希望している。

地方に拡大するタクシー会社

弊社は2009年11月に設立された、タクシー運送（主な業務）、自動車保証、携帯電話・電話・SIM カード販売等にたずさわる会社です。設立当初、3.000.000.000 ドンの資本でしたが、現在は 50.000.000.000 ドンとなるまで成長しています。

弊社はタクシーに新車を導入し、高所得者から低所得者までご利用いただけるように、合理的な運賃体系を設定しています。これまでの業績を認めら、2012 年には、ベトナム若起業家協会から表彰されました。2013 年には、タクシー経営企業としてはベトナムで初の「SaoVangDatViet」という称号をいただきました。2014 年、弊社取締役会長の LeVinhQuang 氏 は 2014 年トップ 100 ベトナム若起業家 -「SaoDo」賞を受けました。また、首相からも賞状をいた

だきました。2015 年、弊社は TienSa タクシー（DaNang 市）、Vang タクシー（Hue 県）、Faifo タクシー（HoiAn ― QuangNam 県）、TienSa タクシー（QuangBinh, QuangNam, GiaLai, KonTum, QuangNgai, LySon 島）等、各地に応じたブランドで経営を拡大しました。

最高のタクシーサービスを提供できる会社

DaNang 市と近所地方では「TienSa タクシー」というブランドで運送サービスを展開しています。世界文化遺産の地域でブランドを確立することが重要なので、TienSa タクシーのブランドを確立させ、タクシー運送業界の大部分のシェアを占めており、DaNang 市の住民に高品質サービスを提供しています。「社会に対する責任を全うする」ことを弊社の経営理念とし、TienSa タクシーは地方庶民や観光客の要望に応えるように努力しています。

TienSa タクシーをベトナム一のタクシーにすることが目標です。弊社は顧客に最高のタクシーサービスを供給することで、投資家、株主、パートナーだけでなく、世界中の関係者に利益をもたらしたいと考えています。

弊社はテクノロジーと人材育成に投資し、顧客のご要望に応えることができるようにしたいと思います。高品質で競争力のある価格のサービスを提供することで、どのような顧客のニーズにも対応できるだけではなく、大規模な市場開拓も可能になります。

DaNang 市の観光サービスに投資しながら、弊社は地方にも拡大し、DaNang 市、中部 -TayNguyen 地方およびベトナム国内で最高のタクシーサービスを提供できる会社になるように努力しています。

タクシー輸送分野で日本企業との協力希望

最近ベトナムと日本の関係は発展し、政治・経済・文化・教育・科学技術・セキュリティ・国防などさまざまな分野で協力しています。経済面では、日本からの ODA 資本等の導入によって、近年ベトナムの国家的建築が進められています。

DaNang は観光客、特に日本人の観光客にとっては訪問しやすいところです。弊社はタクシー輸送分野で日本企業との協力を希望しています。

現在、弊社はさまざまな地域で住民と観光客にタクシーサービスを提供していま

す。TienSa タクシーは全車、GPS ソフトウェアを通じて監視・管理・運営しています。このシステムによって、運転手は燃料を節約でき、お客様にピックアップサービスを提供でき、必要な時に過去の情報を検索することができます。特に、TienSa タクシーには無料 WiFi が整備されていますので、TienSa タクシー乗車時にはインターネットにアクセスすることができます。

ベトナム全国に TienSa タクシーサービスを拡大することで、地方住民と多くの外国人観光客にタクシーサービスを提供できます。高品質タクシーサービスを提供できる TienSa タクシーは、日本人観光客にとって最高の選択肢といえます。

会社情報	
社名（英語）	：PHU HOANG TRANSPORT & SERVICE JOINT STOCK COMPANY
代表者名（英語）	：Mr. LE VINH QUANG
従業員数	：2500 人
授権資本金	：50.000.000.000 ドン
設立	：2009 年 11 月
本社住所（英語）	：150, 2/9 Road, Hoa Thuan Dong ward, Hai Chau district, Danang city, Vietnam
電話番号	：0236.3 79 79 79
ファックス	：0236. 3 79 79 77
URL	：http://www.phuhoangcorp.vn/
E-Mail	：phuhoang@phuhoangcorp.vn

ブレインワークス

日本の中小企業に対し、人材教育、情報共有化、セキュリティなどの経営支援を行うと共に、アジアフィールドにて幅広く事業を展開。なかでもアジアにおける幅広い人材の育成事業を手掛ける。99年から進出しているベトナム・ホーチミンではＩＴ技術、日本語、ビジネスマナーを教える専門学校「SGBJ TECH Co.,Ltd.」を現地企業と合弁で設立。そのほか、アジア関連セミナーの開催や視察ミッションの主催、ウェブサイトやフリーマガジンにてアジアビジネス情報を発信している。

ブレインワークス：http://www.bwg.co.jp
アジアビジネス情報 Sailing Master.com：http://www.sailing-master.com

ベトナム成長企業60社 2018年版

2018年2月26日 〔初版第1刷発行〕

著　者	ブレインワークス 編著
発行人	佐々木　紀行
発行所	株式会社カナリアコミュニケーションズ
	〒141-0031　東京都品川区西五反田6-2-7
	ウエストサイド五反田ビル3F
	TEL　03-5436-9701　FAX　03-3491-9699
	http://www.canaria-book.com

印　刷	株式会社ダイトー
ＤＴＰ	伏田光宏
装　丁	新藤昇

© Brain Works 2018. Printed in Japan　ISBN978-4-7782-0424-2 C0034

2009年6月19日発刊
1400円（税別）
ISBN 978-4-7782-0106-7

アジアで ビジネスチャンスを つかめ！

近藤 昇・佐々木 紀行 著

アジアを制するモノが勝つ！
中小企業は今こそアジアでチャンスをつかみとれ！
10年以上、アジアビジネスに携わってきた著者が贈る
企業のアジア戦略必読本。

アジアビジネスの入門書としても最適！
アジアについて誤解されやすいところの解消や
アジア各国での最新投資・進出状況などをわかりやすく
お届けしています！

企業経営者の方やアジアに興味をお持ちの方にオススメ！！

2010年4月20日発刊
1400円（税別）
ISBN 978-4-7782-0135-7

アジアで 農業ビジネス チャンスをつかめ！

近藤 昇・畦地 裕 著

日本の農業の未来を救うのは「アジア」だった！

日本の農業のこれからを考えるならアジアなくして考えられない。
農業に適した土地柄と豊富な労働力があらたなビジネスチャンスをもたらす。
活気と可能性に満ちたアジアで、商機を逃すな！

ベトナム成長企業50社
ホーチミン編　2014年度版

ブレインワークス 編著

ベトナムの成長企業を紹介するシリーズ　第4弾
成長を続けるベトナム企業50社を紹介

ベトナム進出企業・投資家必読の1冊。
世界経済の中心がアジアに変わる中で、
関心がますます高まるベトナム。
今後さらに成長が期待できるベトナム企業を厳選して掲載。
事業投資先、ビジネスパートナー候補が、
今のベトナムの様子がわかる！

2013年12月20日発刊
1800円（税別）
ISBN 978-4-7782-0256-9

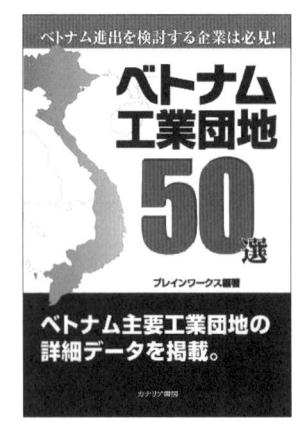

ベトナム工業団地50選

ブレインワークス 編著

成長著しいベトナム。
ベトナム進出を考える企業必見の工業団地を一挙にご紹介！

ベトナムへの進出を検討する企業が知りたい、工業団地情報を一挙にご紹介。
工業団地に直接インタビューした情報もあり、
現地視察前に得ておきたい基本情報がこの1冊に掲載。

2012年5月7日発刊
1500円（税別）
ISBN 978-4-7782-0222-4

ベトナム建設企業50選
2014年度版

ブレインワークス・アジアビジネスインベストメント 編著

高い成長率を続けるベトナム。
当然その成長には建設事業の存在が欠かせない。
ベトナム経済の原動力である建設ラッシュの波に乗れ！
あなたにぴったりのパートナーが見つかる1冊

高い経済成長率を続けるベトナム。経済成長に必ずとも
なうのが建設ラッシュ。
若い労働力とエネルギーが溢れるベトナムで、
今後ますます飛躍が期待される建設業界。
本書ではベトナム・ホーチミンの中でもえりすぐりの企
業を紹介しています。

2014年8月15日発刊
1800円（税別）
ISBN 978-4-7782-0278-1

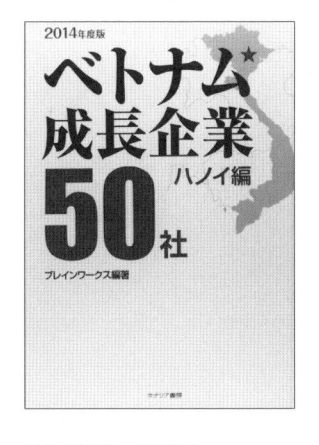

ベトナム成長企業50社
ハノイ編

ブレインワークス 編著

ベトナムの成長企業を紹介するシリーズ ハノイ編の第
2弾！
成長を続けるベトナムハノイで注目される企業50社を
紹介。ベトナム進出企業・投資家必読の1冊。
今やアジアは世界経済の牽引役となっている。
その中でも高成長を続けるベトナムに世界の関心はます
ます高まっている。
今後さらに成長が期待できるベトナムの首都ハノイの企
業を厳選して掲載。
事業投資先、ビジネスパートナー候補、今のベトナムの
様子がわかる！

2014年6月13日発刊
1800円（税別）
ISBN 978-4-7782-0272-9

だから中小企業の
アジアビジネスは失敗する

近藤　昇 著

これからの日本企業にとってアジアグローバルの視点は
欠かすことのできない経営課題の１つだ！
そのヒントがこの１冊に凝縮！

日本全国の中小企業は今後のビジネス展開において、
アジア進出が欠かせない経営戦略となる中、
多くの企業が進出に失敗してしまっているのが事実であ
る。
そんな中、自身も１４年前からベトナムに進出をし、
アジアビジネスを知り尽くした近藤昇より、
アジアビジネスの本質から、リスクマネジメントの方法
まで、具体的なノウハウを伝授いたします。

2013年2月14日発刊
1400円（税別）
ISBN978-4-7782-0242-2

ベトナム地方都市進出
完全ガイド

ブレインワークス 編著

ベトナムビジネスでの成功は、地方が握る！
地方への参入が成功への近道だ！

なぜベトナムの地方都市が注目されるのか？
アジアでは、首都への一極集中が顕著であるなか、
２大都市を抱えるベトナムでは、他にはない、
ひろがり方を見せている！
生産拠点としてだけでなく、消費地としての魅力も
上昇する中、地方の底上げが経済発展の潤滑液となる！

2017年6月10日発刊
2000円（税別）
ISBN978-4-7782-0404-4

「アフリカ」で生きる。
──アフリカを選んだ日本人たち

ブレインワークス 編著

最後のフロンティアと言われるアフリカ。
アフリカ大陸で働く日本人から学ぶ、どうしてアフリカ
だったのか？

青年海外協力隊、ＮＰＯ活動、ＮＧＯ活動、ボランティ
ア活動、起業、ビジネスなどで様々な日本人が遠く離れ
た、まさしく日本の裏側、アフリカ大陸での生活はどん
なもの？　貧困や感染症は？　アフリカのど真ん中でお
寿司屋さん？　宅配便ビジネス？　日本人がタイ料理レ
ストラン？　イメージ通りのアフリカと知らなかったア
フリカがここにあります。

2017年4月20日発刊
1400円（税別）
ISBN978-4-7782-0380-1

地球と共生するビジネスの先駆者たち

ブレインワークス 編著

地球温暖化などで地球は傷つき、悲鳴をあげている。
そしていま地球は環境、食糧、エネルギーなど様々な問
題を抱え、
ビジネスの世界でも待ったなしの取り組みが求められる。
そんな地球と対話し共生の道を選んだ10人のビジネス
ストーリー。
その10人の思考と行動力が地球を守り未来を拓く。

2017年9月20日発刊
1300円（税別）
ISBN978-4-7782-0406-8

2017年10月30日発刊
1300円（税別）
ISBN978-4-7782-0413-6

ガーナは今日も平和です。

山口 未夏 著

会宝産業の社員として、JICA民間連携ボランティア制度
で、憧れのアフリカの地へ。
そこで待っていたのは、思うように進まないプロジェク
ト、文化の壁。
そして、なかなか動かない現地の人々の意識のすれ違い。
異国の地で突きつけられる活動の厳しさと現実。 2年間
のボランティア活動を余すことなく1冊に！
海外ビジネスを目指す若者に贈る奮闘記！！

2017年12月20日発刊
1300円（税別）
ISBN978-4-7782-0416-7

インドへの扉
13億人の大国インドに飛び込む心構え

藤田 寿仁 著

こんな本が欲しかった！
13億人の大国インドの常識とは？価値観とは？
一般の解説書では分かりにくい、現地でのビジネスの流
儀やネットワークの活用をストーリーで紹介！

近い将来、大きなビジネスの市場になるであろうインド。
解説書だけではわからない、現地でのビジネスの流儀や
おつきあいの方法。
そして会社だけではない日常生活ではインド流の知恵や
ルールをご紹介！

草原に黄色い花を見つける

グエン・ニャット・アイン 著　加藤 栄 訳

思春期特有の切なさを少年の日常を通して描いた珠玉の
ストーリー
ベトナム人気作家によるベストセラー小説

1980年代後半、ベトナムの貧しい村に生きる兄弟と、
幼なじみの少女、
そして彼らを取り巻く友人や大人たちが織り成す日常の
物語。
子どもらしい無邪気さと、思春期特有の不安定さ残酷さ
が交差する主人公には、
大人は誰しもが、かつての自分を重ねてしまう。

2017年12月10日発刊
1300円（税別）
ISBN978-4-7782-0415-0

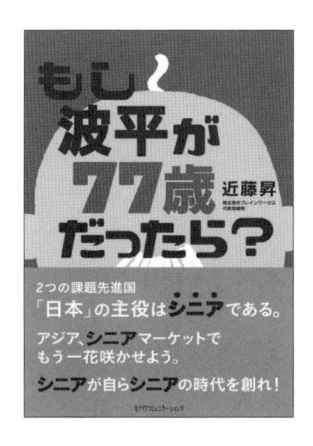

もし波平が77歳だったら？

近藤 昇 著

2つの課題先進国「日本」の主役はシニアである。
アジア、シニアマーケットでもう一花咲かせよう。
シニアが自らシニアの時代を創れ!

2016年1月15日発刊
1400円（税別）
ISBN978-4-7782-0318-4

もし、77歳以上の波平が
77人集まったら？
私たちは、生涯現役！

ブレインワークス 編著

私たちは、生涯現役！
シニアが元気になれば、日本はもっと元気になる！

現役で、事業、起業、ボランティア、
ＮＰＯなど各業界で活躍されている
77歳以上の現役シニアをご紹介！
「日本」の主役の座は、シニアです！
77人のそれぞれの波平が日本の未来を明るくします。
シニアの活動から、日本の今と未来が見える！

2017年2月20日発刊
1300円（税別）
ISBN978-4-7782-0377-1

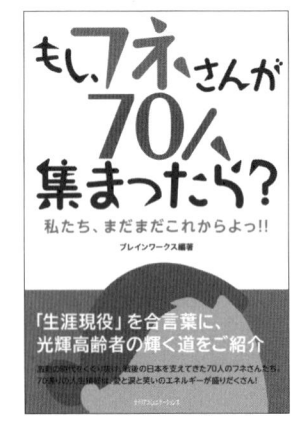

もし、フネさんが70人
集まったら？
わたしたち、まだまだこれからよ！！

ブレインワークス 編著

激動の時代をくぐり抜け、
戦後の日本を支えてきた70人のフネさんたち。
70通りの人生模様は、
愛と涙と笑いのエネルギーが盛りだくさん！。

フネさんたちは、パワフルウーマン！
生涯現役で「感謝」の気持ちを胸に抱き、
これからも元気をみんなに届けてくれる。

2018年2月10日発刊
1300円（税別）
ISBN978-4-7782-0414-3